# 世界「比較貧困学」入門

日本はほんとうに恵まれているのか

石井光太

*Ishii Kota*

PHP新書

# はじめに

日本は世界有数の貧困国だとされる。ＯＥＣＤ（経済協力開発機構）によれば、先進国のなかで世界第三の貧困大国だそうだ。

日本がそんな「貧困大国」だとは、多くの人が信じられないかもしれない。

たしかに日本では十年ほど前から、貧困問題がさかんに議論されるようになった。メディアで、孤独死、ホームレス、ワーキングプア、生活保護、貧困ビジネスといった言葉が躍らない日はほとんどないといえるだろう。

だが、日本人のなかには、世界には深刻な貧困に陥っている国がいっぱいあるのに、なぜ日本が貧困大国と呼ばれるのか、と不思議に思っている人も少なくないのではないだろうか。

実際に日本で餓死する人はほとんどいないし、見渡すかぎりバラックが建ち並ぶスラムが存在するわけでもない。子どもが物売りをしている姿を見かけることもない。

おそらく本書をお読みの方々も、日本が世界有数の貧困国だという実感を抱いていないはずだ。頭ではなんとなく理解できていたとしても、いまいち深刻なものとして受け止めることができずにいるというのが実情だろう。おそらくそれは、世界の貧困のなかで日本の貧困がどのような位置づけであるか知らないためだと考えられる。

私がこれから本書で明らかにしたいのは、世界の貧困とくらべて、日本の貧困がいかなる特徴があって、いまどのような悲劇に直面しているのかということである。世界との比較のなかで日本の貧困のかたちを明確にすることで、貧困問題の実態を理解する一歩としたいと思う。

とはいえ、全世界の国々の貧困の実態をすべて書くわけにいかない。そこで本書ではわかりやすい一つの目安として、「絶対貧困」と「相対貧困」の概念を用いたい。

絶対貧困とは、「一日一・二五ドル以下での暮らし」（二〇〇八年に世界銀行が絶対貧困ラインを一ドルから一・二五ドルに引き上げた）を示している。これは人間が生きていくのに必要なもの、たとえば栄養価のある食べ物や寒さを防ぐ衣服を手に入れられないような生活と定義されており、ＵＮＤＰ（国連開発計画）によれば、世界で一二億人（六人に一人）がそれに当てはまるという。全世界人口の約八割が途上国に住んでいるとされているが、世界規模で貧困という場合はこれを示すことが多い。

他方、日本のような先進国では物価が高いために絶対貧困で暮らしている人はほとんどおらず、貧困は存在しないことになってしまう。そこで、こうした国で貧困を定義する場合は、相対貧困の概念を用いるのが通常だ。

相対貧困とは、OECDによれば「等価可処分所得（一世帯の可処分所得を世帯人数の平方根で割った数値）が全人口の中央値の半分未満の世帯員」とされている。具体的に述べれば、日本の場合は単身所得が約一五〇万円以下である人々が相対貧困ということだ。この数は日本全体で約二〇〇〇万人に上り、国民の約一六パーセント、つまり六人に一人が相対貧困ということになる。

皮肉なことに、世界における絶対貧困の割合と日本における相対貧困の割合は、六人に一人ということで一致する。すなわち、世界の貧困問題と日本の貧困問題とは、人口比のうえでは同程度といえるのである。

日本がよく貧困大国だといわれるのは、ほかの先進国にくらべてこの相対貧困率が高いためだ。先進国のなかでイスラエル、アメリカに次いで三番目、つまり世界第三位の相対貧困国ということなのだ（ちなみにフランスやハンガリーやノルウェーといった国は、相対貧困率が日本の半分ほどしかない)。

私は発展途上国における貧困を「絶対貧困」と定義し、日本における貧困を「相対貧困」とすることで、両者を照らし合わせながら日本の貧困の実態を浮かび上がらせていくつもりだ。

ここではその比較研究を「比較貧困学」と呼びたい。国ごとではなく、「絶対貧困」と「相対貧困」という大きな枠組みでの比較は、入門編と位置づけられるものといえる。

いま、広い世界のなかで、日本はいかなる貧困に直面しているのだろうか。

世界「比較貧困学」入門

目次

はじめに

## 第1章 住居

コミュニティー化するスラム、孤立化する生活保護世帯


［絶対］過密状態のスラムでの暮らし 16
［相対］貧富が入り混じる住宅地 20
［絶対］なぜ貧困者たちはコミュニティーをつくるのか 22
［相対］福祉制度による孤立 26
［絶対］バラックが生み出す不良行為 33
［相対］法令遵守が招く不良行為 38


## 第2章 路上生活

家族と暮らす路上生活者、切り離されるホームレス

[相対] ホームレスが直面する五重の排除 48
[絶対] 途上国における二重の排除 51
[相対] いったん落ちると這い上がれない 56
[絶対] 家族みんなで暮らす路上生活者 64
[相対] ホームレスの障害や病気 72
[絶対] 自然淘汰される弱者たち 79

## 第3章 教育

### 話し合う術をもたない社会、貧しさを自覚させられる社会

[絶対] なぜ学校へ行けないのか 84
[相対] 義務教育という恵まれた制度 91
[絶対] 「生きる」ための授業 94
[相対] 高所得者の子と低所得者の子が混在するクラス 98
[絶対] 国によって異なる男女の教育格差 107

## 第4章 労働
危険だが希望のある生活、保障はあるが希望のない生活

[絶対] 崩壊の危険と隣り合わせ 116
[相対] 希望の欠けたシステム 122
[絶対] もし仕事を失ったとしたら 125
[相対] 連鎖する貧困 131
[絶対] 最後のセーフティーネット 136

## 第5章 結婚
子どもによって救われるか、破滅するか

[絶対] スラムの早婚 142
[相対] 貧困から抜け出す手段か、生活レベルの低下か 145
[絶対] 路上生活者にとっての家族 148

［相対］家族のいないホームレス　150
［絶対］性的魅力の文化差　156
［相対］子どもがいては生きていけない社会　160

# 第6章 犯罪

## 生きるための必要悪か、刑務所で人間らしく暮らすか

［絶対］逮捕された人は「不運な人」　166
［相対］シロとクロに分かれた社会　172
［絶対］劣悪な環境に絶望する受刑者　177
［相対］刑務所が犯罪を増加させる　180
［絶対］途上国の貧困ビジネス　187
［相対］日本の貧困ビジネス　191
［絶対］頼りになる犯罪組織　195
［相対］社会の成熟が「必要悪」をなくす　199

## 第7章 食事

### 階層化された食物、アルコールへの依存


［絶対］稼いだお金の大半が食事代に 204
［相対］日本でなぜ餓死者が出るのか 209
［絶対］階層によって食事が分断されている 214
［相対］栄養価の高い炊き出し 217
［絶対］貧困フードの危険性 220
［相対］日本の「食糧危機」 224


## 第8章 病と死

### コミュニティーによる弔い、行政による埋葬


［絶対］貧困者が直面する死のリスク 230
［相対］低所得者は三倍の死亡率 236

〔絶対〕病気になっても治療を受けられない　240
〔相対〕人によって異なる医療費三割負担の重荷　245
〔絶対〕「死体乞食」で最期を迎える　250
〔相対〕豊かな国でどう死ぬか　255

おわりに

# 第1章

# 住居

## コミュニティー化するスラム、<br>孤立化する生活保護世帯

## 絶対 過密状態のスラムでの暮らし

途上国と日本において、貧困層と呼ばれる人々が暮らす居住地における問題から考えてみたい。

多くの途上国の都市における住居の特色は、階層によって居住地域が異なることだ。こうした都市ではおおざっぱに、「タウン」「ダウンタウン」「スラム」と呼ばれる三つのエリアに分かれている。

一例としてケニアの首都ナイロビについていえば、タウンと呼ばれるエリアは高層ビルや海外のブランドショップ、それに銀行やスーパーマーケットが建ち並ぶ経済地域だ。店頭に並べられた品物は日本の商店で見かけるそれと同じであり、場合によっては日本より価格が高い。

タウンにはいたるところに自動小銃やショットガンをもった警官や警備員が目を光らせており、オフィスで携帯電話を片手に働いているのはスーツ姿の富裕層ばかりだ。彼らは朝から夕方五時ごろまでタウンで仕事をしたあと、少し離れたところの高級住宅地の邸宅に帰る。高級住宅地にも大勢の警官や警備員がおり、邸宅の壁は三メートルほどもあるうえに高圧電流が流されていて、強盗などの侵入をけっして許さないようにつくられている。

一方、ダウンタウンと呼ばれるエリアは庶民が暮らす地域だ。ここには高層ビルやブランドショップは存在しない。泥棒や強盗防止のための鉄格子がはめられたキオスクのような店が軒を連ねており、人々は鉄格子の外から店の品物を指さして買う。洋服、携帯電話、テレビなどは売られているものの、その多くは中国製の低価格の品だったり、支援物資として送られてきた中古品だったりする。

ここに暮らす人々は絶対貧困ではないが、豊かな生活をしているわけではない。たとえば中卒ぐらいの学歴しかなく、雑貨屋やバイク修理業や食堂を経営していたり、タクシー運転手や警備員として働いていたり、収入も月に数千円から数万円といったところだろう。出稼ぎに行っている父や兄からの仕送りで生計が成り立っている家族も少なくない。

では、途上国において貧困者たちはどこで暮らしているのかといえば、ダウンタウンの外れにあるスラムである。そもそもスラムとは貧困者が家を買ったり、借りたりするお金がないために、空き地を勝手に占拠してバラックを建てて住んでしまった土地を指す。つまり、不法占拠によってつくられた居住地ということだ。政府の認可によって合法とされた場所もあるが、基本的な公共サービスが受けられない人口過密状態の居住地域についてはそのように呼ばれている。

日本人にはあまり知られていないが、途上国の都市人口におけるスラムの住人の割合は非常に高い。ナイロビでは都市人口三二〇万人のうちスラム人口は約一六〇万人といわれており、じつに半数がスラムの住民で占められているのである。その他、インドの都市では五五・五パーセント、ナイジェリアで七九・二パーセント、エチオピアで九九・四パーセントとなっており、都市住民の過半数を占めることはけっして珍しいことではないのだ（マイク・デイヴィス『スラムの惑星』明石書店）。

スラムで暮らす人々は、肉体労働、ゴミを拾い集める廃品回収業、工場の工員といった収入の低い職種に従事している。また、失業率が高く、ナイロビのスラムでは七〇パーセントになっていて、有職者の月数千円の収入はそうした家族を養うだけで消えてしまうため、結果として一日一・二五ドル以下の絶対貧困に陥ることになるのである。

このように途上国の都市部では富裕層が暮らす地域（タウン、高級住宅地）、庶民が暮らす地域（ダウンタウン）、貧困者が暮らす地域（スラム）と分かれており、特徴的なのがその境界線が明確だということだ。道だったり、川だったりで、だれにでもわかる線引きがなされているのである。

インドのスラム街も道一本で隔てられている

ナイロビの場合は、タウンの外れにトム・ムボヤ・ストリートという一本の道があり、ここから先がダウンタウンということになっている。ゆえにタウンの警察や警備員が見回るのはこの通りまでであり、ダウンタウンを根城にするストリートチルドレンたちはこの道より中に入ってこない。

これはスラムも同じである。ナイロビには最大のスラム、キベラのほかにいくつものスラムが存在するが、いずれも道一本で隔てられており、ここから先がスラムという境界線が明確なのだ。

貧困が地区としてしっかりと区切られている世界。これが途上国の居住地における大きな特徴といえるだろう。

## 相対　貧富が入り混じる住宅地

一方、日本ではどうか。たしかに日本にも高所得者が多数暮らす地域と、低所得者が多数暮らす地域はある。

東京であれば、高所得者が多い港区では住民の平均所得は一〇〇六万九〇〇〇円である。これに対して、低所得者が多く暮らしている足立区の平均所得は三三八万二〇〇〇円だ。つまり三分の一にまで下がるのだ。大阪でも同様のことが当てはまり、箕面《みのお》市は四四八万四〇〇〇円であるのに対して、泉佐野市は三〇七万一〇〇〇円。じつに一〇〇万円以上の差がある（総務省「二〇〇六年度 市町村税課税状況等の調」）。

ただし、途上国と大きく異なるのは、平均所得が低いからといって足立区や泉佐野市が貧困者の不法占拠するバラックが建ち並ぶスラムではないという点だ。日本において相対貧困に当たる低所得者がおもに居住するのは、築年数が経ったアパートであったり、都営住宅や区営住宅といった低所得者が優先して安価な賃料で入居できる集合住宅である。

生活保護の住宅扶助を例に具体的にいえば、東京都の場合で上限が五万三七〇〇円、大阪府の場合で四万二〇〇〇円ということになる。一般的には、築四十年ぐらいの六畳一間のアパートといったところだろう。

ここからわかるのは、日本において貧困者たちは一カ所だけに隔絶されて暮らしているわけではなく、バラバラに点在しているということだ。

港区にある住居はなにも億ションや豪邸だけではない。駅から離れたマンションとマンションのあいだに、五万円台のアパートが建っていることもあるだろう。あるいはフリーターや学生が共同で住んでいるシェアハウスだってある。つまり、日本においては一つの地域に家賃五万円台の格安アパートから家賃数十万円の高級マンションまでが混在しているのだ。

それゆえ先ほど述べたように、スラムのような明確な貧困街は存在せず、代わりに高所得者と低所得者が一地域に混ざり合うように暮らすという現象が起きる。

途上国では道一本によって貧困者が暮らす地域が定められているが、日本では収入によって明確に分かれる居住地域があるわけではなく、多くの場合、同じ地区に収入の異なる世帯が混在しているということだ。

わかりやすく定義づければ、途上国の区切られた都市は「分離型都市」であり、日本の貧富が入り混じった都市のあり方は「混在型都市」と呼べるだろう。そして、その特色ゆえに、次に見ていくように途上国の貧困者が直面する問題と、日本の低所得者が直面する問題がそれぞれ現れるのである。

ちなみに時折、山谷《さんや》や釜ヶ崎のようなドヤ街を「スラム」と称することがあるが、間違っている。現在のドヤ街は時代とともに衰退した寄場《よせば》に生活保護受給者が集まった場所であり、宿泊所も不法占拠ではなく合法的に経営されているので、途上国のスラムとはまったく異なるのだ。

## 絶対 なぜ貧困者たちはコミュニティーをつくるのか

途上国の「分離型都市」を象徴するのが、都市の一定の場所に貧困者が集まってつくられるスラムだ。大きな都市にはいくつかのスラムがあるが、その特徴はそれぞれにコミュニティーができているという点である。スラムによって何かしらの共通点があるのだ。

ナイロビのスラムを例にとれば、ケニア人たちが暮らすケニア人スラムはもちろん、ソマリアからの移民が多く暮らすソマリア人スラムや、エチオピアからの出稼ぎ労働者が多く暮らすエチオピア人スラムがあったりする。また数十万人規模のメガ・スラムでは、ブロックごとに民族別など異なる特色のコミュニティーが形成されている。

これはアジアでも同じだ。インドのムンバイでは、ヒンドゥー教徒の多く暮らすスラム、イスラーム教徒の多く暮らすスラム、バングラデシュからの移民たちが多く暮らすスラムなどに分かれている。メガ・スラムの場合は、たとえば西側はヒンドゥー教徒、東側はイスラーム教徒で、南側はタミル族、北側はネパール人というようになっている。出身地や宗教ごとにそれぞれのコミュニティーが存在するのだ。

なぜスラムがコミュニティーとしてのまとまりをもっているのか。おもな理由を二つ述べれば次のようになる。

1　多民族・多宗教国家であるためにコミュニティーが必要。
2　不法占拠なので自分たちで身を守ることが必要。

順を追って、1から考えてみたい。

途上国の多いアジアやアフリカの場合、途上国が多民族・多宗教国家であるケースが少なくない。異なる文化をもつ人々が一つの地域に集まる場合、同じ文化をもつ者どうしでコミュニティーをつくらなければ文化が壊れてしまったり、脅《おびや》かされることがある。それゆえ、コミュニティーごとにまとまる傾向にあるのだ。

たとえばケニア人とひと言でまとめても数十の民族があり、多数派のキクユ族のほかに日本人にはテレビでおなじみのマサイ族のようなものがおり、それぞれの民族によって言語や生活習慣はまったく異なる。

ケニアではスワヒリ語や英語を共通の言語として使用することが多いが、貧困層は学校へ行っていないため、それらの言語がわからないことがある。そうなると、彼らは同じ生活習慣をもち、同じ言語を話す者どうしで集まり、それが結果としてコミュニティーを形成することになるのだ。

また、ケニア国籍をもっている人のほかにも、たとえばソマリアから来たソマリア難民たちはソマリ語を話し、イスラーム教を信仰している。彼らが必要とする寺院や食べ物、それに衣服などはすべてケニア人とは異なる。もしソマリア人が自分たちのアイデンティティーを守って生活していこうとすれば、コミュニティーをつくりあげて、そのなかで生きていかなければならない。

こうしてみると、スラムの人々は教育の欠如によって他者と意思の疎通が図れないためとか、宗教などに根ざしたアイデンティティーを守って生活をするために、同じ民族や国籍どうしで集まって暮らしているといえる。その結果として生まれるのがコミュニティーなのだ。

## みずからの安全をいかに守るか

次に2について考えてみたい。これは1の場合とは異なり、みずからの安全を守るためにコミュニティーが必要とされるということだ。

スラムは貧困者が集まる場所であるがゆえに、どうしても治安が悪くなりがちだ。たとえば手っ取り早くお金を稼ぐために麻薬の密売が横行していたり、食べ物がなくなった者たちが凶器で脅かして他者から奪い取ろうとしたりすることがある。だが、スラムの人々は、不法に土地を占拠して暮らしているために、国によって安全を保障してもらえない。

そこで彼らは理解できる者どうしで集まって身の安全を守ろうとする。私たち日本人が同じ地元どうしで集まったり、日本人どうしで集まったりしたほうが安心感が湧くように、彼らも国籍や民族や出身地ごとに固まって住んだほうが安心できる。その結果として生まれるのがコミュニティーなのである。

さらにこのコミュニティーを一歩踏み込んで見てみると、親族ごと、同じ村の出身ごとにバラックが集まって小コミュニティーを形成しているケースが多い。たとえば、バングラデシュ人スラムという大コミュニティーのなかに、親族たちが集まる小コミュニティーがあったりするということだ。ムンバイのバングラデシュ人コミュニティーで一族で暮らしていた男性は次のようにいっていた。

「最初にインドに移り住んだ人が仕事をもったあと、親族の貧しい人たちを呼ぶことが多いんだ。先に来た人にしても同じ親族で集まって暮らしたり、仕事を分け合ったりしたほうが気楽だろ。そうやってどんどん一族が増えていって、スラムの一角で三、四〇人の親族がまとまって暮らすようになるんだよ」

途上国の「分離型都市」では、分裂はしていても、それぞれの大コミュニティーや小コミュニティーがきちんとできあがっているのだ。そしてそのコミュニティーによって、住民たちはアイデンティティーや身の安全を守っているのである。

## 相対　福祉制度による孤立

これに対して、「混在型都市」としての日本では、低所得者を取り巻く生活環境は大きく異なる。

古くは日本においてもコミュニティーによって形成されるスラムに似たような場所はあった。たとえば、朝鮮人部落と呼ばれた居住地や、奄美大島や沖縄といった貧しい地域からの出稼ぎ者や移住者が集まっていた居住地がそれだろう。同じ国籍、同じ出身地の人々が集まって助け合いながら暮らすことで、独自の言語や風習、それに食文化などを守っていたという意味ではコミュニティーとしてのスラムに通じるものがある。

だが、現代の日本においてこうした居住地はほとんど見かけない。あってもさまざまな異文化が入り込んでおり、コミュニティーと呼べるような結びつきはかなり薄れている。それは一九五〇年代後半以降の経済発展に伴う町の再開発によって居住地が解体されたり、仕事が各地に生まれて全国へ離散していったり、外部から多様な人が流入してきたりするようになったことが大きく影響している。

たとえば兵庫県尼崎市には、戦前からつづく朝鮮人部落があった。だが日本の経済の発展に伴って、朝鮮人たちはさまざまな地に散っていったり、阪神工業地帯に次々と建てられた工場での労働を志す日本人が集まってきたり、さらには企業の寮が建てられたりした。それによって、朝鮮人部落は実質解体されてしまったのである。

こうして日本各地からコミュニティーが消えていった。コミュニティーがなくなれば社会的弱者は命綱を断たれてしまう。彼らが代わりによりどころとしたのが、充実しはじめた福祉制度だった。

それまで親戚が暮らす長屋に身を寄せていた低所得者たちは、まとまった額の住宅扶助を受給できることで六畳一間のアパートに移るようになった。あるいは、それまで隣人に食事をもってきてもらっていた低所得者たちは、宅配食事サービスを利用するようになった。人々はコミュニティーに依存するのではなく、福祉制度に身を委《ゆだ》ねて生きるようになっていったのだ。

だが、低所得者のコミュニティーから福祉制度への乗り換えは手放しで賞賛できることではない。人々がコミュニティーを失って直面するのは、「孤立」である。それまではコミュニティーのなかに身を置いていたことで大勢の人たちと結びついていたのに、福祉制度に代わることで一人きりになってしまうのだ。町に散在する賃料の安いアパートで隣家の住民の顔すら知らずにする生活は、まさにそれを示している。

### 恥の意識が低所得者を孤立させる

現在起きている貧困問題の根っこには、低所得者の孤立の問題がある。後述するように独居老人の孤独死、結婚できずに独身を貫く若者、仕事をせずに生活保護に頼るシングルマザーなどが典型だ。

生活保護受給者ばかりでなく、非正規雇用のワーキングプア層のあいだでも孤立感は高まっており、彼らのじつに一二・一パーセントが「相談できる人はいないが必要だ」と回答している（〈公財〉連合総合生活開発研究所「ワーキングプアに関する連合・連合総研共同調査研究報告書Ⅱ」）。これは彼らが職場でコミュニケーションのない機械的な労働をさせられたり、低所得であるがゆえに外部との接点の場が少ないということが要因にあげられるだろう。

ならば、低所得者たちにコミュニティー（あるいはコミュニティーに準ずるサークルなど）を形成させてはどうかという意見もある。そうすれば、彼らは福祉制度によって生活を支えてもらいながら、孤立感を薄められるのではないか、と。

だが、現実的にはそうしたことは容易ではない。低所得者がコミュニティー形成を阻《はば》む第一の理由としては、低所得者の高齢化の問題がある。日本には生活保護受給者が二一六万人いるとされているが、その半数を六十歳以上の高齢者が占めている。高齢者は社会との接点が薄いうえに、健康を害していることが少なくないため、コミュニティーを一からつくったり、新たに参加したりすることが困難だ。

また、生活保護受給者の内訳を見ると「高齢者」「母子家庭」「障害者や傷病者」の三者が占める割合は合計で八七パーセントに上っている。幼い子どもをもつシングルマザーや、障害や病気で苦しんでいる人たちがコミュニティーを築き上げたり維持したりすることも、同様に難しいのは明らかだろう。

第二の理由としては、恥の意識があげられる。日本の社会において、低所得であることに対する恥の意識は少なからずあり、それによってみずから親族や他者との関係を断ってしまうことがあるのだ。

たとえば区が行っているサークル活動などのコミュニティーがあるが、そこに参加できない人は少なくない。私が兵庫県で会った六十代の生活保護受給者Tの例を示そう。

《Tの羞恥心》

Tは香川県出身の男性で、県立高校を卒業したあとに関西に出てきていくつかの工場で働いてきた。これまで結婚は二回したが、いずれも数年で離婚。一九九〇年代前半までは工場の仕事はあったが、バブル崩壊によってリストラに遭《あ》い失業したあとは定職に就くことができず、やむなく生活保護を受けることになった。

現在、Tが住んでいる住宅は、家賃三万円台後半。かつては酒場に行けば友人がいたが、糖尿病になってからは出入りすることもなくなり、月に何度か病院で医師と話す以外はほとんど会話らしい会話をすることはないという。Tは毎日テレビを見ながら過ごすような生活を送っている。

ある日、NPOの職員がTの家を訪問し、地域の仕事をやめたお年寄りが集まるサークル活動に参加するように促した。そうしなければ精神的に参ってしまうにちがいないと思ったのだ。ところが、Tは提案を拒絶して、その理由を次のように説明した。

「わしは生保を受けて十年以上経っとる。市の集まりに行って、何の仕事をしていただの、どこに住んでいるだのという話になったら、どないな話をすればええねん。何にも話すことなんてあらへん。だから地域の集まりなんて出たくないし、ましてや香川県の実家になんて帰りとうない」

Tは自分自身の現状を恥じている。そのために、町の人たちの集まりに加わることを嫌がったのだ。

現代の日本で、自然に昔のようなコミュニティーがつくられることは少ない。だからこそ恣意《しい》的にコミュニティーをつくって孤立を防ごうとするのだが、低所得者が気軽に加われるものは不足している。

これは若い低所得者にとっても似たようなことがいえるだろう。「混在型都市」では低所得者が散らばって暮らしているために、自然発生的にコミュニティーができたとしても、そこにはさまざまな階層の人が集まっており、低所得者が恥の意識からそこになかなか入っていけないことがある。

都内に暮らす生活保護受給者であるシングルマザーも次のように語っていた。

「保育園のお母さんがたのあいだには、いくつかのグループがあるんです。私の保育園には、同じように生活保護を受けているママ友がいるんで仲良くなることはありますけど、ちゃんと両親がいて共働きしているようなママとはあんまり親しくなりません。ただ、保育園に影響力をもっていたり、物事を取り仕切ったりするようなグループは、たいてい豊かな家庭のお母さんたちなんです。だから、なんとなく疎外感があります」

恥の意識には個人差があるものの、少なからずそういう劣等感によって孤立している低所得者がいることは確かだろう。

こうしてみると、日本では低所得者があちらこちらにバラバラに住んでいるうえに、個々が小さなコミュニティーにすら入れず孤独感を深めていることがわかるはずだ。そして現代の問題の多くは、このような低所得者の孤立した生活環境から引き起こされているのである。

## 絶対 バラックが生み出す不良行為

ここまで都市における居住地を取り上げてきたが、今度はさらに一歩踏み込んで住居そのものが生み出す問題について考えてみたい。

途上国のスラムに建つ住居は、「バラック」と呼ばれる簡単な小屋である。これらの多くは住民たちによって自力でつくられており、素材となるものは町で拾ってきたり、安く手に入れたりしたトタンやビニールシート、それに古い木材などがほとんどだ。

バラックは地域によって造りが異なる。バングラデシュやインドなどモンスーンによって洪水が起こりやすいところでは杭の上に家が建てられた高床式となっているし、東南アジアのような一年中暑いところでは竹などを組み合わせることで通気性を良くしている。一方で中央アジアのように気温が低いところでは、断熱効果のあるレンガや土を素材にしたバラックが目立つ。

このようにバラックは地域によって特色はあるが、共通するのは面積の狭さである。そもそもスラムは過密状態にあるため、一軒のバラックが占める土地は限られており、多くは四畳から六畳程度（二階建にしているところもある）、広くてもそれが二部屋といったところだ。

問題は、住居の面積に反比例して子どもが多い点だ。貧困者は避妊に対する意識が希薄であったり、将来生活の面倒を見てもらいたいという思いがあったりすることから、五人、六人、あるいはそれ以上子どもをつくっている場合が少なくない。その子どもたちがしだいに大きくなっていけば、全員が室内で暮らすことが難しくなる。

子どもが小学生ぐらいの場合、親がよくするのは子どもを祖父母など親族の元に預けることである。祖父母の家であれば、多少の生活スペースは残っているし、若ければ子どもの食費を負担することもできないことはない。そこで祖父母のところで面倒を見てもらうことにするのだ。また、子どもがいなかったり、少なかったりする親戚の元に養子として出すということもある。

読者のなかには「親戚だって貧しいんだから引き取る余裕はないのでは?」と疑問を抱く人もいるかもしれない。スラムでそれを可能にしているのが、先述したコミュニティーにおける相互扶助のシステムなのだ。コミュニティーには、実の親が育てることのできない子どもは、余裕のある家庭が引き取って世話をするという不文律があり、無理をしてでも引き取るというのが一般的だ。私も実際にスラムの住人と接していて、母親と紹介された人を調べてみたら叔母であったということは数えきれないが、その背景にはコミュニティー特有の社

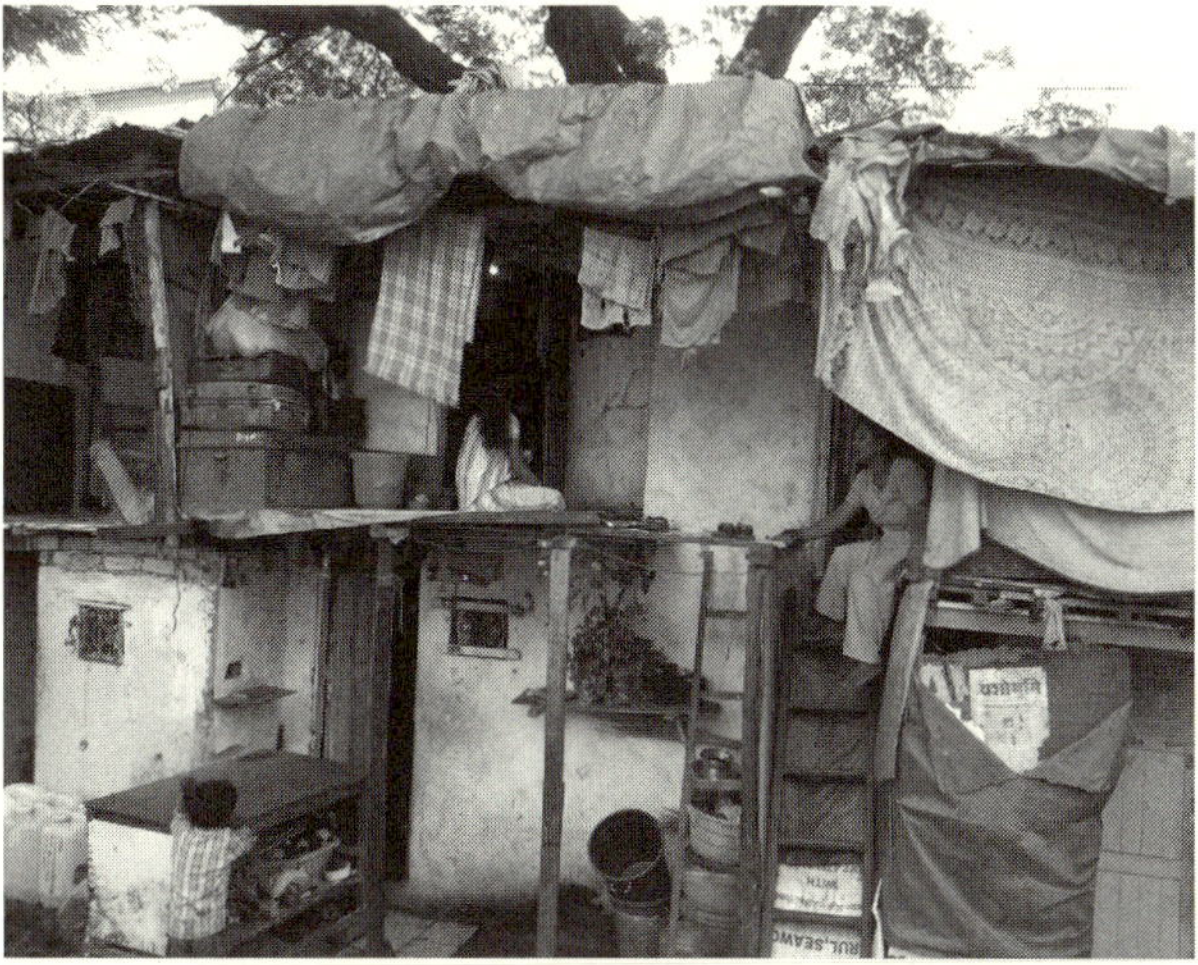

スラムの住居

会構造があるのだ。

ただ、それは小学生ぐらいまでの幼い子どもに対してだけだ。中学生ぐらいになれば事情は違ってくる。スラムでは十二、三歳になると家族を支える一人前の労働力として見なされるようになり、親戚に預けられるのではなく、住み込みの仕事のために家を出されることになる。親からすれば子どもに外へ働きに出てもらえば、住宅にスペースができるうえに、生活費まで手に入るからだ。

もちろん、途上国であっても児童労働は違法である。だが、日本と違って「生きるためにやむを得ない」としてグレーゾーンとして見逃されているうえ、コミュニティーではそれも相互扶助の一つとして見なされることが

図表1　働く子どもの産業別割合

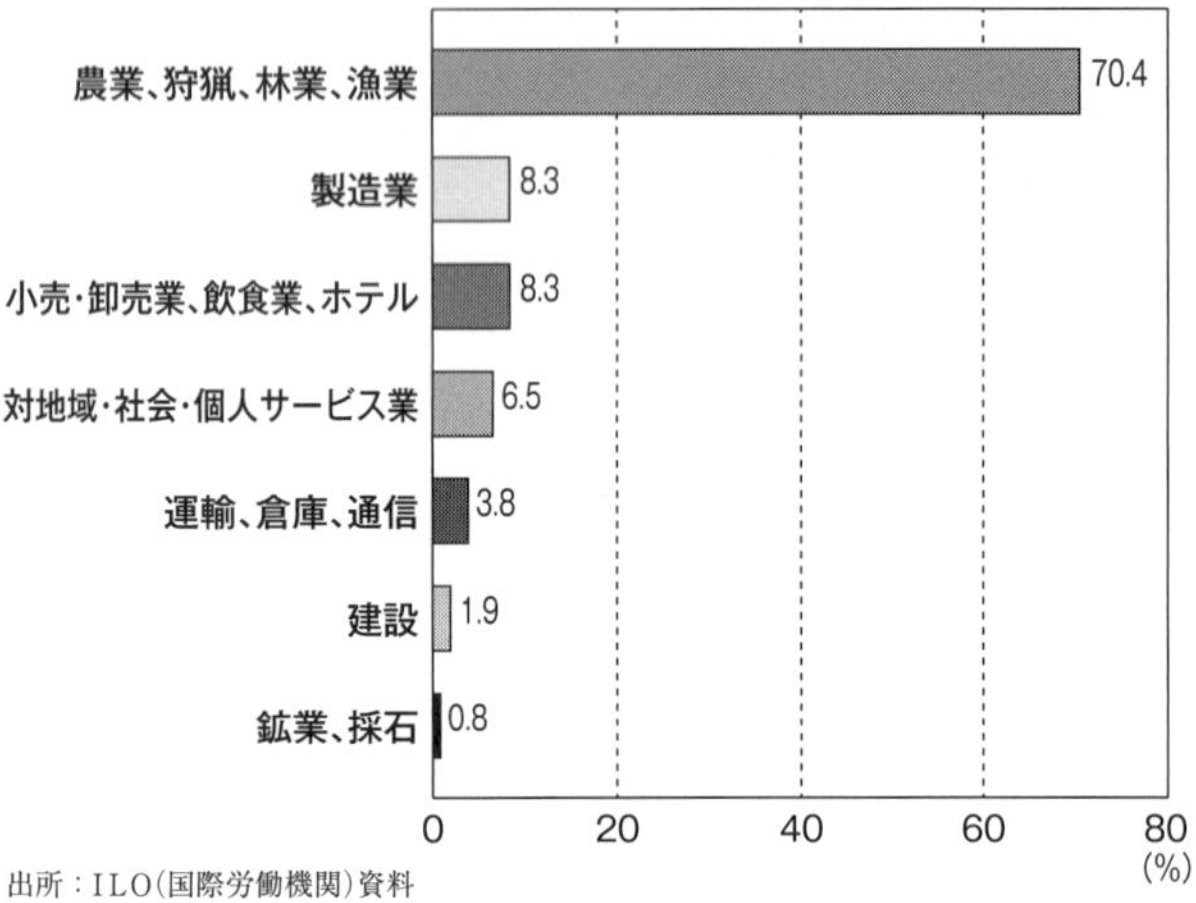


出所：ILO（国際労働機関）資料

多いので、まかり通ってしまっているというのがふつうだ。

こうした環境の影響によって、全世界の子どもの六人に一人、具体的には二億四六〇〇万人の子どもが児童労働に従事している。図表1を見ていただければわかるように、七〇パーセントに値する仕事の多くは都市部以外で行われているものであり、その他が都市部での労働ということになる。いってしまえば、児童労働は都市部より地方に多いということだ。

ただ、こうした環境は、親の認識一つで悲劇を生むことにもなりかねない。親が「子どもを売ってひと儲けしよう」と考えれば、その時点で児童労働は人身売買になってしまう可能性がある。国連の推計によれば年間一二五〇万人の子どもが人身売買の被害に遭っており、売春をはじめとした危険な仕事に就いている。

かつてバングラデシュのスラムに滞在していたとき、そんな家族を見たことがある。洪水でスラムの住民が被害を受けたり、食べ物に困ったりするようになると、どこからともなく人身売買のブローカーが見計らったようにやってきて、数万円で幼い女の子を買い取る光景があった。むろん、最初から売春のためだとはいわない。レストランのウエイトレスだとか、工場での仕事だとかいって、親に支払うお金は「契約金だ」と話すのである。だが、住民はみなそれが人身売買だとわかっている。

あるお年寄りは次のようにいっていた。

「スラムの住人っていったって、多くの人はふつうの親だから、娘を変なところに売ることは嫌がるものだ。けど、麻薬をやっていたり、悪い連中とつるんでいたりする大人たちは、自分さえよければいいと思っているから娘を売り渡すことをなんとも思っちゃいない。人身売買をするのは、そういう連中だよ。あとは、そういう親をもつ娘は、悪い道に自分から進むことも多いね。なかには自分からブローカーに頼んで働きに行ったり、お金欲しさについていったりする子もいるよ。ろくでなしの親の元でいじめられて暮らすよりは、悪いことをしてでも一人で生きていくほうがずっといいんだろ」

住宅の問題はストリートチルドレンを生み出すことにもつながる。たとえば小さなバラックに暮らしていた場合、親が暴力をふるうような家庭だと子どもたちは逃げ場所がなくなる。日本なら自室にこもることができるところを、彼らは一部屋で雑魚寝《ざこね》をしているうえに学校すら行っていないので、二十四時間暴力の恐怖に慄《おのの》かなければならないのだ。

彼らが閉鎖された生活環境から逃げようとすれば、どういう選択肢があるか。家出をするほかない。家出をしたあとに残される選択肢は、「施設に入る」「住み込みの仕事をする」などいくつかあるが、ストリートチルドレンとして町を放浪しながら暮らすことを選ぶ子どもも少なくない。とくに幼い子どもは施設の場所を知らなかったり、幼いがゆえに働かせてもらえなかったりすることで、ストリートチルドレンとして生きることになるのだ。

このように見ていくと、バラックという狭い生活空間は、児童労働や人身売買やストリートチルドレンを生み出す大きな要因にもなってしまっているといえるだろう。

## 相対 法令遵守が招く不良行為

日本の低所得者の住宅も狭いことに変わりはない。だが、途上国のバラックなどとくらべた場合、面積はあるし、子どもの数も少ない。万が一、子どもが四、五人生まれたとしても、生活保護世帯の場合は子どもの数によって住宅扶助の額も増えるため、ある程度のスペースは確保できる。

とはいえ、日本において住宅の狭さが問題を引き起こすことはないのかといえば、そうではない。途上国のような児童労働や人身売買が起こる可能性は少ないが、それとは違った状況を生み出しかねない。

一番の問題は、プライバシーの欠如だ。日本では住宅扶助があるとはいえ、低所得者の多くが六畳一間ぐらいのスペースに暮らしており、場合によってはトイレが共同であったり、浴室がついていなかったりすることもある。一人暮らしであればともかく、そこに親子で布団を敷いて寝起きを共にするということになれば、個人のプライバシーは失われてしまうだろう。

子どもにとってプライバシーを保てない生活環境は非常につらいものがある。中学生の娘が父親と布団を並べて寝なければならなかったり、着替えの場所さえなく人目にさらされながら下着姿になるのは、苦痛以外の何ものでもない。さらにトイレの音は筒抜け、生理用品は隠せない、お風呂から出たときの着替えの場所もない。そんな家での生活を楽しいと思えるだろうか。

男の子にとっても同様だ。母子家庭であれば、中学生ぐらいになっても母親と布団を並べて寝なければならず、つねに勉強をしろといわれたり、身の回りのことを注意されたりすることになる。友人からは「母さんといっしょに寝ているんだ」とか「母さんの裸を見てるのか」などと揶揄《やゆ》される。そんな生活から抜け出したいと思うのもやむを得ないだろう。

私の知っている女性がまさにそんな体験をしている。

---

《Rのアパート》
Rは二十代の女性だ。彼女はシングルマザーの母親の元で育ち、二歳下の弟がいた。子どものときに住んでいたアパートは五畳の居間があり、天井から下げたビニールシートを隔てて三畳ほどのキッチンとユニットバスがあった。
キッチンには服などが入った段ボールが積み重なっていたため、Rは子どものころから遊ぶのも寝るのも居間をつかっていた。布団を二枚敷き、そこに母と弟と三人で眠るのである。だが、母は夜はスナックで働いていて帰ってこないうえに、朝目覚めると同じ布団に見知らぬ男性が寝ていることがあり、大きくなるごとにその意味が薄々わかるようになっていった。

十一歳のとき、Rの母がスナックで知り合った男性と結婚した。義理の父となった男性は失業中とのことで、狭いアパートでいっしょに暮らすようになり、二歳下の弟をしょっちゅう怒鳴り散らし、酒を飲んだときは手を上げることもあった。Rが止めに入って殴られたことも一度や二度ではなかった。

彼女は中学生になってから家に帰るのが嫌になり、十六、七歳の一人暮らしをしている先輩のところに入り浸るようになった。母だけならともかく、義理の父といっしょに過ごすよりはずっと楽しかった。

一週間のうち二日泊まっていたのが四日になり、一週間になり、そしてほとんどアパートに帰らなくなった。先輩の家には悪い人たちがつねに出入りして、麻薬を覚えたり、相手構わずに性行為をしたりした。

結局、Rは中学三年生の終わりに恐喝と暴力で補導されて施設へ送られた。生活と遊びのためのお金欲しさに、自分が売春するだけでなく、後輩の女の子に暴力をふるってお金を奪い取ったところ、警察に通報されたのである。

その後、二歳下の弟も中学生のときに家出をしている。

先述したように、途上国のバラックに暮らす子どもたちも多かれ少なかれ似たような理由で家を出ることはある。だが、途上国においては児童労働がグレーゾーンとして暗黙の了解で許されているので、住み込みの仕事をしたり、路上で暮らしながらも物売りをしたりして食いつないでいくことができる。そうした子どもが多いため、同じ立場の同じ考えの者どうしでグループをつくって身を守っていくことも可能だ。

ところが、日本では児童に対する福祉法がしっかりと守られているため、基本的には労働が認められることはない。そのため、家を出た子どもたちは食べていくために恐喝、売春、麻薬売買といった犯罪行為に手を染めるケースがあとを絶たない。とくにアルバイトさえできない中学生の家出となると、そうなるケースは非常に多い。

Rの例はまさにそれを示しているといえる。彼女が家を出たあと、先輩の家に入り浸るようになって、麻薬やセックスに耽溺《たんでき》し、お金欲しさに恐喝に及んだのは、ある意味で必然的なことだろう。

法令が遵守されてクロかシロかがはっきりとしている社会では、家を飛び出した子どもは「クロ」の方向に向かわざるを得ない流れがあるのだ。

## 狭い居住空間が家庭内暴力を招く

そしてもう一点、低所得者の狭い居住空間が生み出す悲劇は、Rの例にもあった「家庭内暴力」というかたちでも現れる。日本において、低所得者の家庭で家庭内暴力がより多く行われていることは、データとして明らかになっている。

三都道府県一七児童相談所で「児童虐待」が原因で保護された子どもを分析したところ、「生活保護世帯」が一九・四パーセント、「市町村民税非課税」「所得税非課税」世帯は二六パーセント、つまり児童虐待の半数近くが低所得者の家庭で行われていることになるのだ（阿部彩『子どもの貧困』岩波新書）。

家庭内暴力で近年顕著なのが、暴力がエスカレートして子どもを死に至らしめてしまう事故が多発していることだ。厚生労働省の発表によれば、ここ十年間虐待によって死亡した子どもの数は年間五〇名ほどにもなり、一週間に一人が殺害されている計算になる。さらに死亡に至らなくても、児童相談所における児童虐待相談対応件数は二十二年間で約六〇倍にも達しているのだ（図表2）。

なぜこうしたことが起こるのか。それは低所得者の孤立と無縁ではない。日本では低所得

図表2　児童虐待相談対応件数の推移

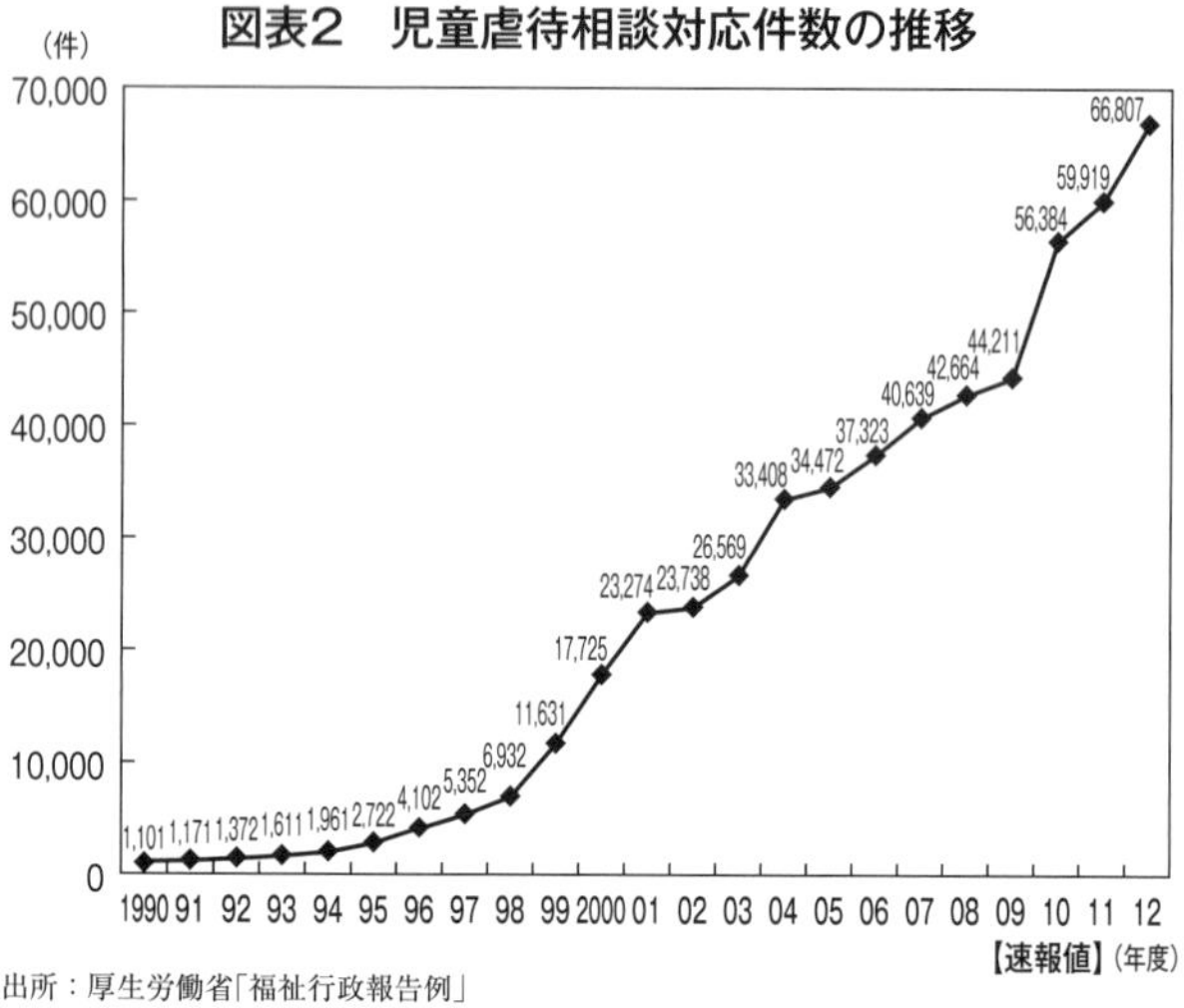


出所：厚生労働省「福祉行政報告例」

者が各地域の安い住宅に点在し、周辺住民との関係を断って孤立化していることはすでに述べたが、それが家庭という「密室」で行われる虐待をエスカレートさせてしまっているのである。

父親が酒を飲んでゴルフクラブで子どもを殴ってもだれも見ていない、泣き叫ぶ声が聞こえてもだれも確かめにやってこない、子どもも家を逃げ出したところでだれに助けを求めればいいのかわからない。そうした状況によって、虐待死が増えているものと考えられる。

一方で、途上国では家庭内暴力がそこまで大きな問題となっていない。あるにはあるのだが、日本のそれほどエスカレートして社会問題化しないのには、コミュニティーの存在が大きい。

先ほど私はスラムのバラックで暴力が行われた場合、その狭さゆえに子どもが逃げ出すと書いた。ただ、こういうケースは全体的に見れば少ない。コミュニティーのなかで住民どうしがつながっていることで、ある親が子どもに過剰なまでの暴力をふるっていれば、近隣住民のだれかしらが「やりすぎだ」とか「そのへんにしておけ」といって止めに入ることがあるし、子どもにしても助けを求める相手がいるのだ。いわば、コミュニティーには相互監視の力が働いており、日本のように密室で家庭内暴力が殺人にまで発展するほど過剰になることを抑制しているのである。

とはいうものの、外国のコミュニティーのほうがいいのだと安易にはいえない面もある。コミュニティー内の住民どうしの距離が近いということは、住民どうしが目の届くところ、手を伸ばせば触れるところで生活をしているということであり、コミュニティーそのものが悪に染まっている場合、その影響を全員がまともに受けてしまうことがある。

たとえばホンジュラスの首都テグシガルパにあるスラムは、麻薬取引を主としたギャングが権力を握っており、日常的な暴力がはびこっている。子どもが銃をもち、昼夜を問わず発砲音が響き、麻薬の売人がそこかしこに立っている。こうしたコミュニティーでは、つねに家庭のなかにギャングが出入りすることになり、大人ばかりでなく子どもまでもが、その影響を受けてしまうことになりかねないのだ。

こうした点から日本の孤立した低所得者の家を見ると、逆に外部の悪影響を受けづらいということができる。たとえば、周辺の住民がみな暴力団員であり、彼らが自由に家のなかを出入りしたり、拳銃や麻薬の売買が白昼堂々と行われているということなどはないだろう。住宅が町のなかに散在して孤立しているからこそ、ほかの家の悪い影響と距離を置くことができるのである。

こうしてみると、コミュニティー社会がいいのか、孤立社会がいいのかという議論がいかに不毛であるかがわかるはずだ。コミュニティーには利点もあれば欠点もある。同時に孤立にも欠点と利点がある。

本書すべてにわたっていえることだが、私たちはまず、こうしたことが絶対貧困と相対貧困のありようであると認識する必要があるだろう。そしてそのうえで、どのような社会をつくっていくかを考えていくべきなのだ。

# 第2章

# 路上生活

## 家族と暮らす路上生活者、切り離されるホームレス

## 相対　ホームレスが直面する五重の排除

世界には、住居をもたずに路上で浮浪生活をする人々がいる。一般に途上国のそれは路上生活者と呼ばれ、日本ではホームレスと呼ばれることが多い。

いずれも、古くはルンペン、浮浪者、場合によっては乞食などという名称がついていたが、差別用語ということで、マスメディアも使用をやめ、代わりにこれらの用語を用いるようになった。路上生活者、ホームレスといった言葉が定着したのは、一九九〇年代からだろうか。

むろん、用語は形式的なものにすぎないが、絶対貧困における路上生活者と、相対貧困におけるホームレスをくらべたとき、かなり大きな差異が浮き彫りになる。本章ではそれについて考えてみたいと思う。

日本では憲法第二十五条に「すべて国民は、健康で文化的な最低限度の生活を営む権利を有する」とあるように、最低限度の生活が保障されている。その最低ラインというのが、おおよそ生活保護による保障ラインだといえるだろう。だからこそ、それ以下の生活を強《し》いられる場合は生活保護ないしはさまざまな扶助や税の免除といった処置がとられることになる。つまり、だれもが最低限の生活をするシステムはできあがっているのだ。

しかし、ホームレスはその最低限度以下の暮らしである。いったいなぜ、手厚い保障がされているはずの日本においてホームレスが存在するのか。

この疑問に対して、一つの明快な答えを出している人物に、湯浅誠がいる。彼は著書『反貧困』（岩波新書）で、日本を「すべり台」のように転落する社会だと定義したうえで、人間がホームレスのような境遇に落ちる背景として「五重の排除」をあげている。次がそれだ。

1　教育課程からの排除：教育を受けられないことで社会的な地位を得られない。

2　企業福祉からの排除：職を得られなかったり、得ても十分な給与をもらえない。

3　家族福祉からの排除：困窮したときに頼ることのできる家族がいない。

4　公的福祉からの排除：生活保護、障害年金等の公的福祉を受けることができない。

5　自分自身からの排除：社会復帰に対する希望を抱くことができない。

湯浅によれば、社会には人間が貧困の底に転落しないように1～5のセーフティーネットが設けられているということになる。通常はこの五つのうち、どれか一つに引っかかれば最低限の生活を営むことができるが、すべてから排除されたとき、人はホームレスのような最低限度以下の生活を余儀なくされる。

具体的にいえば、（1）学歴がなくて社会にうまく入り込むことができず、（2）職を得ても給与が不十分であり、（3）かといって家族とは縁が切れていて援助を受けることは不可能で、（4）福祉制度を利用しようにもどこでどう申請をすればいいのかわからず、（5）最終的には社会に踏み留まろうとする意思をなくしてしまうのである。もちろん、細かな点ではいろいろなかたちがあるが、これがおもに日本人がホームレスに転落する構造だといえる。

ここで一般の人にとって疑問なのが、4ではないだろうか。ほんとうにどうしようもない状況になってもなぜ公的福祉制度が受けられないのか、と。原因は制度における矛盾にある。

生活保護の場合は、受給資格の一つとして資産をもっていてはいけないという条件がある。たとえばその人が土地を所有していれば、受給を申請したとしても、土地を売ってお金にすれば生活保護を受けずに済むでしょう、といわれて認められないのだ。

この例でいえば、ある男性は生活保護の申請をしたが、土地を所有していることを理由に拒否されたことがあった。土地を売って生活費にしなさいといわれたのだ。だが、この土地は兄弟の許可を得られなければ売れないことになっていて、その兄弟とはすでに縁が切れていて同意を得るのは不可能な状態にあった。それゆえ男性は生活保護を受給できずにホームレスになった。

障害年金についても似たようなことがある。障害者であれば、障害年金を受給することができるはずだ。だが、ある男性は四十歳までふつうに働いていたあとに、事故で頭を強打したことによって障害を負った。周りから見れば明らかに障害が出ているのに、本人はそれを認めたくないし、認めるだけの知力をもっていない。そのせいで、彼は障害年金の受給申請をせぬまま、食べることができなくなってホームレスになってしまった。

このように、制度は整っていても制度上の問題だとか、本人の問題によって正しいかたちで受けることができないことがある。そのために、セーフティーネットからこぼれ落ちていき、ホームレスになってしまうのだ。よく「日本のホームレスは好きでやっている」などという人がいるが、大部分のホームレスはこのように網の目からこぼれ落ちた人たちなのである。

## 絶対 途上国における二重の排除

途上国にもスラムのバラックに住むこともできず、路上に布を一枚敷いて眠っている人たちは大勢いる。

東南アジアなど暑い国では道路や公園でそのまま横になるが、中央アジアや北欧などの寒い国では寒風を防ぐためにマンホールの下に住みつくようなケースもある。どちらにせよ、路上生活者たちは住居のある人々とくらべると、熱中症や低体温症、それに感染症などで死亡する確率が著しく高くなる。

途上国においても、貧困者が路上生活に陥らないようなセーフティーネットは存在する。ただ、日本のそれと異なるのは、セーフティーネットの数が少ないという点である。先に見たように日本に五つのセーフティーネットがあるとすれば、途上国の場合は二つしかない。すなわち次の通りだ。

1 家族福祉からの排除
2 自分自身からの排除

なぜこうしたことが起こるのか。

まず、途上国では「教育」というセーフティーネットは、初等・中等教育の就学率が低いために貧困家庭の子どもについては機能していない。次いで「企業福祉」に関しても、企業倫理がまかり通っているところのほうが少なく、貧困者が就ける仕事はそもそも家庭を支えるに不十分だ。最後に「公的福祉」だが、途上国では国の福祉制度が十分に動いているところが少ないので期待するに値しない。

この結果、途上国では先に見たように「家族福祉」「自分自身」の二つのセーフティーネットしかないというのが前提となっているケースがほとんどだ。簡単にいえば、スラムで生きる人々は「家族福祉（コミュニティー）」に助けてもらうか、「自分自身」の才能や努力で現状を克服するしかないのだ。それができなければ、路上生活を余儀なくされてしまう。

途上国のセーフティーネットの少なさを見ると、多くの人が絶望的な状況を思い描くだろう。家族が助けてくれることなどあるのか、自分自身で何とかすることなんてできるのだろうか、と。ただ、ここが日本と異なるところで、じつは日本の「家族福祉」よりはるかに大きな可能性を秘めているのだ。

そもそも途上国の「家族福祉」とは、日本のようにほんとうの家族関係だけでなく、親族や友人も含めたコミュニティーを指す。したがって、実親や実の兄弟に助ける力がなくても、コミュニティーの人たちが力になってくれることが多々ある。

たとえば、インドのコルカタのスラムで、父親が怪我をして長いあいだ働くことができなくなった。母親はすでに病死しており、二人の子どもはまだ小学生ぐらいで働くこともできない。

ふつうに考えれば、家族はバラックを離れて路上生活に身を落とすことになるだろう。だが、父親は一年近く働かずとも、バラックに住んで子どもたちを食べさせていくことができた。なぜなのか。それはスラムの仲間たちがカンパして家賃を捻出してくれたうえに、だれかがご飯を差し入れしてくれたからだ。これが、コミュニティーとしてのセーフティーネットなのである。

読者のなかには、スラムの人たちは自分が貧しいのに、なぜそこまで人のためにするのかと考える人もいるだろう。だが、逆にいえばスラムの人々は、いつ自分が逆の立場になるかわからない危険を背負っている。だからこそ、日ごろからコミュニティーの仲間を助けることで、いざ自分がそうなったときに手を差し伸べてもらえるようにしているのだ。

これに加えてもう一つ、一人の稼ぎ頭が親族の生活を丸ごと支えるというかたちもある。フィリピンの首都マニラのスラムを訪れたとき、ある親族コミュニティーと仲良くなったことがあった。全員で四〇人ほどいたが、このうち定職のある人は三人で、あとは完全な失業

## 図表3　出稼ぎ労働者の本国への仕送り（上位10カ国）

| 国名 | 仕送り額（単位：10億ドル） | 国名 | GDPに占める割合（％） |
|---|---|---|---|
| インド | 52 | タジキスタン | 50 |
| 中国 | 49 | トンガ | 38 |
| メキシコ | 26 | モルドバ | 31 |
| フィリピン | 19 | キルギスタン | 28 |
| ポーランド | 11 | レソト | 27 |
| ナイジェリア | 10 | サモア | 26 |
| ルーマニア | 9 | レバノン | 25 |
| バングラデシュ | 9 | ガイアナ | 24 |
| エジプト | 9 | ネパール | 22 |
| ベトナム | 7 | ホンジュラス | 20 |

出所：Development Prospects Group, World Bank.（2008年）

状態か、収入の不安定な時間労働をしているだけだった。もちろん、これだけでは生活していけるわけがない。

では、どうやってこの家族はバラックを維持して食いつないでいたのか。それは親族の女性四名が海外へホステスや家政婦として出稼ぎに行っており、給料の大半を送金していたからである。これによって、失業状態の親族全員がバラックに住んで食べていくことができていたのだ。

フィリピンでは、こうした出稼ぎによる家族福祉が貧困者のセーフティーネットとして機能している。この国では人口の一割に当たる約九〇〇万人が海外へ出稼ぎに出ており、GDPの一割が海外からの送金となっている。これもまた家族福祉のかたちの一つなのである。

ちなみに、フィリピンを含めた出稼ぎ労働者の仕送り額のトップ10が図表3だ。ランクインされている国に途上国が目立つのは、それだけ海外からの送金に貧困者が頼って生活をしていることを意味している。

以上、二つの援助のかたちを見てきたが、これらが示すのは途上国における「家族福祉」が日本のそれと意味合いが大きく異なるということだ。日本であれば親や兄弟が手を差し伸べなければ、家族福祉からの排除ということになってしまう。だが、途上国では家族以外にもコミュニティーという広い「家族」が存在し、それによって生活を支えてもらうことが少なくないのだ。だからこそ、セーフティーネットが極端に少ない状況であってもギリギリのところで生活を維持することができるのである。

## 相対　いったん落ちると這い上がれない

次に見ていきたいのは、日本のホームレスがどのような境遇に置かれているかということについてだ。

二〇一四年度の厚生労働省による「ホームレスの実態に関する全国調査（概数調査）」の統

## 図表4　全国のホームレス数

| 年 | 男 | 女 | 不明 | 合計 | 差引増▲減 |
| --- | --- | --- | --- | --- | --- |
| 2009 | 14,554 | 495 | 710 | 15,759 | ― |
| 2010 | 12,253 | 384 | 487 | 13,124 | ▲2,635(▲16.7%) |
| 2011 | 10,209 | 315 | 366 | 10,890 | ▲2,234(▲17.0%) |
| 2012 | 8,933 | 304 | 339 | 9,576 | ▲1,314(▲12.1%) |
| 2013 | 7,671 | 254 | 340 | 8,265 | ▲1,311(▲13.7%) |

出所：厚生労働省「ホームレスの実態に関する全国調査（概数調査）」（2014年）

計では、日本には八二六五人のホームレスがいるとされている。この数を多いと考えるだろうか、それとも少ないと考えるだろうか。おそらく答えは人それぞれだろう。

ただ、ここ十年ほどでホームレスの数は着実に減ってきている。日本で貧困問題が注目されるようになり、ホームレス支援のＮＰＯなどが増加したことで多方面からの支援が行われだした。それによって、十年前の約二万五〇〇〇人とくらべると三分の一近くまで減少したのだ。図表４のように最近五年の数字を見ただけでもそれは明らかだ。つまり、ホームレスさえその気になれば、そこから抜け出すことのできる機会は確実に増えているといえるのだ。

とはいえ、それでもまだ一万人近い人たちが家のない生活を余儀なくされているというのが現状だ。低所得者とひとくくりにしても、住宅のある人と、ホームレスとでは、置かれている立場に非常に大きな違いがある。

家がないということは、プライバシーを奪われ、社会復帰の可能性が著しく下がり、天候によっては命の危険にさらされるということだ。

想像してほしい。たとえば、四十代の男性が一人の子どもを抱えて暮らしていたとしよう。失業により、生活が立ち行かなくなり、生活保護の申請をしたが却下され、アルバイトで食いつなぐことになった。

おそらくここまでの生活なら耐えられないこともないかもしれない。だが、その後に事故を起こして多額の借金を背負わなければならなくなり、アパートで暮らすことすらできなくなったらどうなるか。

男性は子どもを養護施設に預け、自分は公園などで寝泊まりしなければならなくなり、住所不定ということでアルバイトもやめなければならなくなる。夜は寒さに震え、昼はゴミ箱を漁《あさ》るという日々が待っている。

このとき、男性は住居のあるギリギリの生活と、そこから転げ落ちたホームレスとしての生活とのあまりの落差を思い知ることになるはずだ。日本では「最低限度の生活」と「最低限度未満の生活」には途方もない差があるのだ。そしてこの差こそが、ホームレスをホームレスとして留めてしまっているといえる。

典型的なものをわかりやすくあげれば、次のようになるだろう。

1　社会的偏見による孤立
2　個人の劣等感から生じる孤立

1の「社会的偏見による孤立」から考えてみたい。

日本においてはホームレスに対して「自己責任」という認識がどこかにある。それは福祉制度が整っていたり、選ばなければ仕事は山ほどあったり、周囲にいる人々のなかにはその人を助けるだけの生活の余裕のある人がいたりするからだろう。

なぜ生活保護を受けないのか、なぜ何でもいいから仕事をやろうと思わないのか、なぜ困ったときのためにきちんと友人や家族関係を構築していなかったのか。もちろん、さまざまな要因でそれができなかったからホームレスになっているのだが、一般的にはその細かな事情が知られることはない。だからこそ、日本社会ではホームレスになるのは自己責任だという空気ができあがってしまうのだ。

社会の側はこうした考え方に基づいてホームレスを受け入れることを拒む傾向にある。社会の側からすれば仕方のない面もあるが、住所不定であったり、連絡先がなかったりという理由で、雇用を断ることも少なくない。

これは数字にも表れている。日本のホームレスのうち完全な失業状態にある人々は三九・六パーセントに上り、月収一万円未満の人は九四パーセントに及んだ。次いで、一万〜三万円未満が五・九パーセント、三万〜五万円未満が〇・三パーセントだった。

ここからわかるように、ほとんどのホームレスは、仕事と呼べるような仕事を得ることができず、たまに広告看板持ちやチケット並びや廃品回収といったほかの社員などとは切り離された仕事をしながら、小遣い程度のお金を手に入れているだけなのだ。

こうした状況は、ホームレスをより社会から遠ざけることになる。仕事を得られなかったり、得られても人間関係と切り離された職種だったりすれば、社会からの孤立化は免れない。

ホームレスたちが陥るのは極度の孤独だ。彼らがうつ病などによって精神を病むのはそのせいもあるし、またアルコールに走るのは寂しさを紛らわせようとすることもあるだろう。そうした病理がさらに社会との溝を広げてしまうことになる。

## 人との関係をみずから断ち切る

次に「個人の劣等感から生じる孤立」に目を移してみたい。

住居を失ったことでの生活の落差や社会の偏見によって、ホームレスのなかにはホームレスであることの恥の意識が高まる。自分自身が置かれている状況を恥ずかしいと思い、みずから社会と距離を置こうとするのだ。それは身内など、本来は助けてくれる人たちとの関係をも断つことにつながる。

現にホームレスが一年間以内に家族と連絡を取ったかどうかという調査では、「ない」と答えた人は全体の七七・八パーセントに及んだ。三年以上ホームレスをしている人に限れば、八一・四パーセントが連絡を取っていない。ホームレスになるということは、劣等感を抱くことにつながり、家族や人との関係をみずから断ち切ってしまうことにもつながるのだ。私の知っているホームレスは、次のような過程をたどっている。

《Sの孤独》

Sは五十歳の男性で、失業を機に離婚。妻と子どもは生活保護を受給することができたが、Sは若くて働けるということで受給を認められなかった。だが、離婚によって投げやりになっていたこともあり、アルバイトで職を得てもすぐに勤務先で問題を起こしては解雇されて、生活もままならない日々がつづく。さらに、借金を抱えていたこともあり、取り立てから逃げるようにしてホームレスになった。

当初は、ホームレスとして身を隠しながら働けばまた元の生活にもどれるのではないかと思っていた。だが、住所不定ということで仕事にありつくこともできず、ホームレス仲間に紹介してもらった日雇いのアルバイトで一日働いて得られるのは三〇〇〇円。あっというまに一年以上が経った。

ある日、Sは実家に助けを求めようと電話をかけた。だが、親はすでに死亡していたため、二人の姉に相談した。姉の一人はホームレスと聞いただけで電話を切り、別の姉は協力する姿勢を見せてくれたものの、夫から「ホームレスとは関係をもつな」といわれたらしく、最終的には協力できないということになった。

Sは姉二人に支援を拒否されたことで自信をなくし、昔の友人などに連絡を取るのを諦めた。話し相手といえば、自分にアルバイトを紹介してくれる二、三人の先輩ホームレスだけ。

ホームレスでありながら、同じホームレスにそう思われるのも恥ずかしく、炊き出しで知っている顔を見かけても話さない。NPOのスタッフから就業の手伝いをするといわれても、同じように彼らに連れ回されたり、あれこれ詮索《せんさく》されたりするのが恥ずかしく、かかわりをもちたくないと思って距離を置いている。

そんな日々を送っているうちに、昔は嫌いだったアルコールを飲むようになった。アルバイトをしては、公園で焼酎を飲むという日々。彼は次のようにいう。

「アルバイト代を全部お酒に費やしている状況です。それをやめなければホームレスから抜け出せないとわかっているんですが、たった一つの楽しみなんで、やめることがなかなかできないんです」

---

この例からわかるのは、ホームレスが社会の偏見やみずからの劣等感によって、社会からどんどん孤立し、蟻地獄のように抜け出せなくなっていく過程だ。

日本にはホームレスの社会復帰を助けるさまざまな団体やシステムが存在する。だが、社会のホームレスへの厳しい視線や、自分自身のなかに芽生えてしまった強烈な劣等感や諦めの気持ちが、それをつかって社会にもどることを阻んでしまっているのだ。

このようなケースだと、ホームレス自身の内面の問題であるため、第三者が手を差し伸べて社会復帰させることは容易ではない。そこに支援の難しさの一面がある。

## 絶対 家族みんなで暮らす路上生活者

途上国における路上生活者を日本のそれとくらべてみると、置かれている状況がまったく違うことがわかる。

先に述べたように、途上国ではセーフティーネットが少ないため、日本と比較すると路上生活へ転落する可能性が高く、路上生活者の数は非常に多くなる。たとえば、二〇一三年にデリー市役所が発表したところでは、インド全土にいる路上生活者は七八〇〇万人に上るとされた。人口比を考慮しても、日本の約八〇〇倍ということだ。

ここで一つ想像してもらいたい。もし東京や大阪にいるホームレスがいまの八〇〇倍に増えたら、街はどうなるだろうか。たとえば新宿にいるホームレスは約一六〇人といわれているが、これが八〇〇倍になれば一二万八〇〇〇人となる。おおよそ東京ドーム三つぶんの集客人数だ。そこかしこにホームレスがあふれているような状況になることは想像に難くない。

インドの都市ではまさしくそうした光景が広がっている。町のあちらこちらに路上生活者がグループをつくって座り込んで暮らしている。女性たちはゴミを燃やして鍋で野菜を炒め、子どもたちが追いかけっこをし、男たちは汗まみれになりながら昼寝をしている。夜ともなれば、町のあちらこちらで働いていた人たちがシャッターの下りた商店街の庇《ひさし》の下で眠るため、足の踏み場もないほどだ。

こうした状況は、次のような傾向を生み出す。

1 心理的負担の軽減
2 社会的偏見の軽減
3 コミュニティー形成

最初から順番に見ていきたい。

途上国ではスラムのバラックに住む立場から路上生活へ落ちる落差はさほど大きくない。スラムでは定期的に警察による強制撤去が行われたり、台風などによる被害を受けたりすることで、住民たちが住居を失ってしまうことはよくあることだ。また、前章でも見たように、バラックは住居として狭いため、ほとんどの人は一度は野外で眠った経験をもっている。

こうしてみると、途上国の貧困者にとってバラックの生活と路上生活とのギャップはさほど大きくはない。少なくとも日本の低所得者のそれとくらべれば、明らかな違いがあるだろう。

そのため、路上生活をすることになった者たちは自身の境遇にそこまで劣等感を抱いていない。路上生活者であることを恥ずかしいと思ったり、それゆえ人と接したくないと思ったりして他者との関係を断って、殻《から》にこもってしまうようなことが少ないのだ。

これを示すのが、家族で路上生活をしている人が多数に上るという事実だろう。日本のホームレスの多くは家族と縁を切ったうえで一人で路上で暮らすようになるが、途上国の貧困者は妻と何人もの子どもを連れて堂々と路上で暮らし、さらにそこで性行為をして子どもを増やすこともある。

インドのコルカタで、子ども三人を連れて妻とともに路上生活を始めた四十代の男性と話をしたとき、こんなことをいわれた。

「家があるに越したことはないよ。けど、家をなくしたからってバラバラになったり、子どもを施設に預けたりする必要はないと思う。家族がいっしょにいられるなら、そうしたほうが楽しいし、みんなでがんばったほうが一人で働くより、また家に住めるようになる機会は増えるじゃないか」

実際にスラムのバラックは安価で手に入るため、少しがんばればまたバラックに住むことはできる。

あるいは、コロンビアのボゴタで路上生活をしている夫婦はこのようにいっていた。

「スラムに家をもっているんです。けど、町の中心地から離れている丘の上にあるので、行き来するだけでも大変だし、お金がかかってしまうんです。だから、一カ月のうち三週間は町で路上生活をしながら働いて、残りはスラムの家に帰って過ごしているんです」

これはスラムでの生活と路上生活がさほど変わらないため、少し我慢して安く済む路上生活を選んだ例だといえる。

コルカタの例も、ボゴタの例も、正論にはちがいない。だが、これらの国で正論が成り立ち、日本でそうならないのは、恥や劣等感といった感情があるかないかということが非常に大きく影響していることは自明だ。

## 社会に溶け込んだ存在

次に2の「社会的偏見の軽減」について考えてみたい。

途上国の貧困者にとって路上生活をする落差が小さく、恥や劣等感といった考え方が薄いということを見てきたが、それは社会においても同じことがいえる。社会全体のなかに路上生活をするのは仕方がないという空気があり、路上生活者が受け入れられる傾向が生まれるのだ。都市人口の数十パーセントを占めるスラムの住人全員がいつ路上生活者になってもおかしくない状況に置かれており、実際にかなりの人がそうなっているのだから、そういう感覚が浸透するのは自然といえるだろう。

このため、町の店や企業は路上生活者でも気軽に雇用する。荷物運び、自転車タクシーの運転、マーケットの公認ガイド、レストランのウエイター、工場での労働……いずれも、大勢の路上生活者が就いている職業である。先に紹介したコルカタの男性は、ニューマーケットの公式ガイドとリキシャ運転手の仕事をしていた。ニューマーケットの雇用主に話を聞いたところ、次のように述べていた。

「この町にはビハール州の農村からやってくる貧しい人たちが多いんだよ。彼らは家族でやってきて路上で暮らしながら三カ月とか半年とか働いて、また帰って行くんだ。路上で過ごせば、稼いだぶんは貯金できるからね。その考え方は正しいと思うし、僕たちだって逆の立場だったらそうすると思う。だから、彼らを雇うことにはまったく抵抗はないよ。どうせスラムのバラックに住んでいたって、電話がないから、連絡を取れないのはいっしょだからね。それよりマーケットの裏に寝ていてくれたほうが、何かあったときにすぐに呼びに行けるから便利だ」

コルカタに限らず、路上生活者が大勢いる途上国の都市では多かれ少なかれ似たような感覚がある。

路上生活者が雇用の機会を得られるということは、すなわち社会から排除されていないということだ。社会に溶け込み、その一員という認識をしっかりともって自分の立場を確保し、そのなかで役割を果たしていく。そしてその成果によっては、いつだって路上生活から脱することのできる可能性がある。こうしてみると、途上国における路上生活者の立場が日本のそれとまったく違うのがわかるだろう。

## コミュニティーからはみ出るストリートチルドレン

最後に3の「コミュニティー形成」について考えてみよう。

すでにスラムにおいてコミュニティーが形成されるということは述べているが、これは路上においても同様である。いくら途上国に路上生活者が多いとはいえ、やはり犯罪や事故に巻き込まれたりする可能性は高い。

路上に置いた家具が盗まれることもあるだろうし、道路の脇で暮らしているので小さな子どもが車に轢《ひ》かれてしまうこともあるだろう。あるいは年ごろの女の子が一人でいれば、性犯罪などの危険性も出てくる。路上で暮らすということは、スラムよりさらに危険が増すということなのだ。

そのため、路上生活者は仲間で集まって身を守ろうとする。親族関係で数家族が集まるとか、同郷の者あるいは同じ仕事の仲間どうしでグループをつくって固まることで、一家族が用事で外出しているときは、別の家族が家具を盗まれないように見張ったり、大勢で絶えず目を光らせておくことで、子どもが事故や性犯罪に巻き込まれないようにしたりするのだ。むろん、コミュニティーのなかでお金の貸し借りや仕事の紹介が行われることも頻繁《ひんぱん》にある。

こう見てくると、社会から孤立した日本のホームレスより、途上国の路上生活者のほうが恵まれた境遇にあると思われるかもしれない。だが、そういいきってしまうことは危険だ。

貧困者にとって路上生活への落差が小さいということは、裏を返せばだれもが簡単に転落するということである、あるいは転落することに危機感が乏《とぼ》しいということになる。周りに家族がいたり、きちんとしたコミュニティーに囲まれていればそれでもいいかもしれないが、そうでなければ危険は何倍にも膨らむ。

その典型的な例がストリートチルドレンだ。日本の低所得家庭で少しばかり嫌なことがあっても、子どもが家出してホームレスになるということはけっして多くないだろう。実際、未成年が家出をしたところで、家での暮らしと路上暮らしの落差があまりに大きいため、ほとんどの場合は数日以内に自宅にもどってきている。

路上で暮らす子どもたち

しかし、途上国では異なる。狭いバラックで嫌なことがあったとき、「これなら外で生きたほうがいい」と考えて出て行き、そのまま路上に居ついてしまうことが少なくない。子どもであっても物売りなどの仕事ができたり、警察が保護しようとしなかったり、町の人たちがお金や食べ物を恵んだりするためだ。場合によっては、バラックで家庭内暴力を受けているよりは格段に良い生活ができることもある。これによって、ストリートチルドレンが増加してしまうのだ。

このように、どういう角度から見るかによって路上生活者の置かれている状況は変わる。社会に同化できているという意味では切り離された存在ではないが、逆にいえばそれだけ簡単に、子どもまでもが路上生活者になってしまう危うさを孕《はら》んでいるのである。

## 相対 ホームレスの障害や病気

日本のホームレスを考えるにあたって、障害や病気の問題を避けて通ることはできない。日本では五重の排除によってホームレスになる人が多いということを述べたが、ここまでの排除にいたる大きな理由の一つとして障害や病気があげられるからだ。

長いあいだ、日本ではホームレスにおける知的・精神障害について大きな議論がなされることはなかった。「ふつうの人がホームレスになる」という言葉が先行し、障害や病気について着目されることが少なかったのだ。実際、厚労省の「ホームレスの実態に関する全国調査（生活実態調査）」でも、障害者の占める割合は全体の五パーセント程度とされてきた。二〇一二年度の調査では次のようになる。

障害者手帳を持っていない　九五・九パーセント
障害者手帳を持っている　一・二パーセント
以前持っていたがなくした　一・〇パーセント
わからない　一・五パーセント
無回答　〇・四パーセント

この統計だけ見れば、ホームレスにおける障害・病気の問題はそこまで大きくないように思える。

だが、考えなければならないのは、これはあくまでアンケートに応じてくれたホームレスにおける統計であるという点だ。そもそも重度の障害者であればアンケートを拒絶するか、答える能力が欠如しているだろう。つまり、最初から計算に入っていないのだ。

また、この調査によって見つけられるのは、目に見えるところにいるホームレスに限られている。事実、図表5を見れば統計に出てくるホームレスはわかりやすい場所で寝起きして

## 図表5　ホームレスの起居別場所の人数

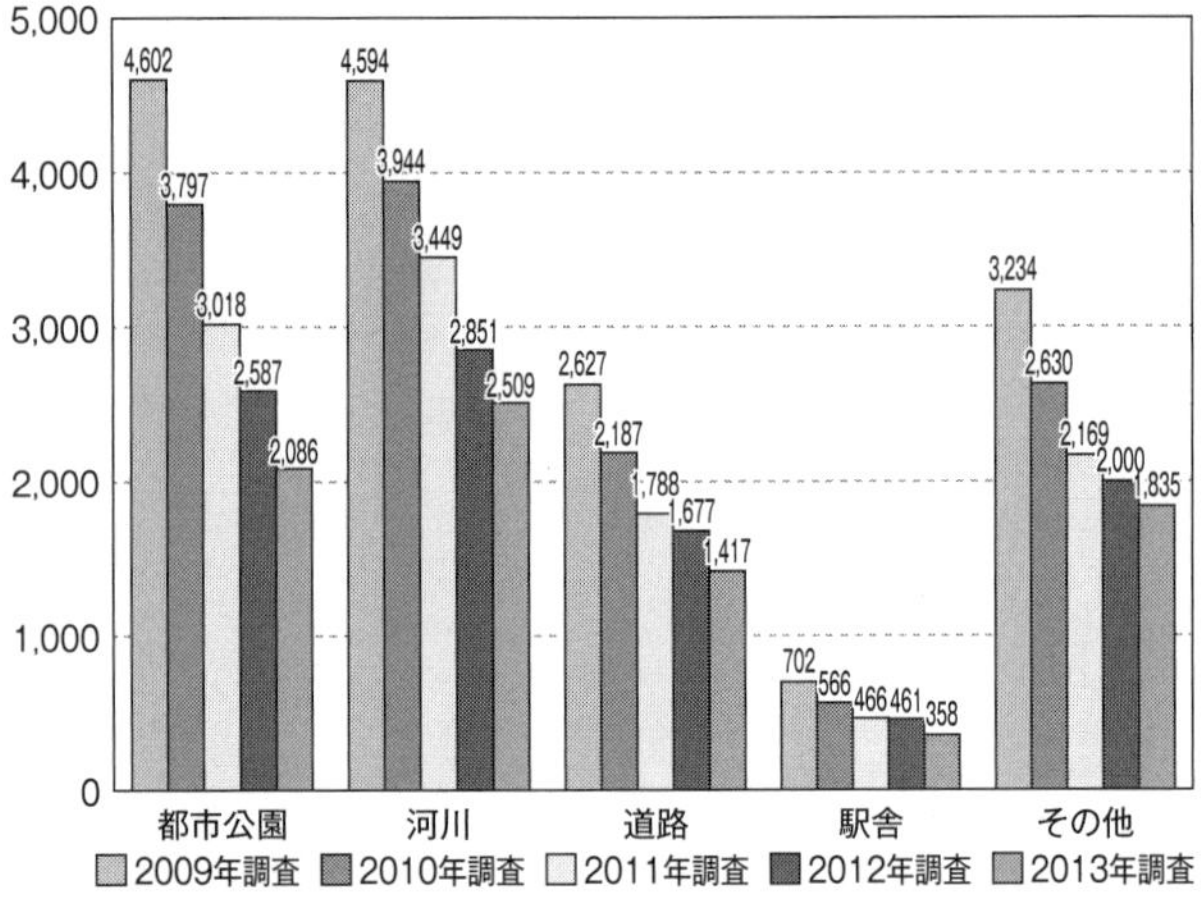


出所：厚生労働省「ホームレスの実態に関する全国調査（概数調査）」（2014年）

いることがわかる。

だが、現実は、住宅街の公園やネットカフェやサウナなどに潜り込んでしまっているホームレスは多数に上り、それらは統計の計算に入っていない。

では、実態はどれぐらいなのか。

あくまでも一つの例ではあるが、精神科医が一地域にしぼって調査をしたデータがある。NPO「TENOHASI」の代表であり、精神科医の森川すいめいが池袋のホームレスを調べたのだ。それによれば、ホームレスのうち六割ほどに知的・精神障害の傾向が見られたという。病気の内訳は、おおよそ次の通りだ（『読売新聞』二〇一二年七月十一日）。

知的障害　三四パーセント
うつ病　一五パーセント
統合失調症　一〇パーセント

これがどこまでホームレス全体の実態を反映しているかは定かではないが、一つの参考として重要なデータであることにはちがいない。

**なぜホームレスになるのか**

どうしてこれほどまで、ホームレスにおいて障害・病気の保有率が高くなるのか。それは、大きく分けると二つのパターンがある。

1　障害・病気が原因でホームレスになる。
2　ホームレスになったあとに障害・病気を抱える。

日本では障害や病気をもつ人々には、障害年金をはじめとしてさまざまな保障制度が用意されている。通常は家族の付き添いのもと病院で診断を受け、医者の証明をもって申請をすれば制度を活用することができる。

だが、崩壊した家庭では、親が子どもの障害の有無を調べなかったり、明らかにそうだとしても申請をしなかったりすることがある。そうなると、その人は障害をもったまま生きていかなければならないのだが、症状が重ければ社会の荒波を潜り抜けるのは容易ではない。そうした者たちの一部が、住居や職を失って、どこで助けを受けられるのかわからないままホームレスになる。

たとえば次のような男性の例がある。

《Tがホームレスになった経緯》

Tは高校を中退後に電気関係の修理会社で契約社員として働くようになった。だがある日、仕事中に建物の上から転落して頭を強打した。

病院で検査のあとに頭蓋骨の損傷が明らかになり、長期の入院を余儀なくされた。仕事中の事故にもかかわらず、労災がおりず、入院費用はすべて自腹に。さらに会社側はTとの契約を一方的に打ち切った。

数週間後、Tは退院したものの、頭が朦朧《もうろう》としている状態がつづいた。病院に相談しても「錯覚だから時間をかけて治るのを待つしかない」といわれ、新たな仕事先を見つけることもできない。すでに入院費で貯金は底を突き、生活はままならなくなり、Tはそのまま家賃滞納でアパートを追い出されてホームレスとなった。

Tの病気はずっとつづいたが、医者に「錯覚」といわれたため、治っているものと自己判断して通院もしなかった。おそらく、細かなことを判断する能力も薄れてしまっていたのだろう。

数年後にNPOのスタッフがTを保護。病院へ連れて行ったり、関係者から事情を聞いたりすることで、脳に異常があることが判明した。

---

ふつうに考えれば、なぜ事故に遭ったときにきちんと病院で調べてもらわなかったのかとか、脳の障害を疑わなかったのかという疑問が出てくる。

だが、もともと知的障害とは判断されないまでも境界線上にいる人であった場合、自分のことであってもそこまで頭がまわらないというケースが少なくない。

そうなると三十歳、四十歳ぐらいまでは何とか社会で生きていくことができていたものの、途中で病気になったことを機に社会に適応できなくなり、ホームレスになるということが起こるのだ。

もう一つあるのが、2のホームレスになったあとに精神を病んだりするケースである。ホームレスになれば人間関係が断ち切れて、何カ月もまともに人と話をしない状態がつづくこともある。そうなれば、この状態から自分は二度と立ち上がれないのではないかという不安にも襲われるだろう。気の弱い人でなくても、そういう心理状態に陥ればうつ病など心を病んでしまうのは当然だ。

また、ホームレスが孤独を紛らわせるためにアルコールに走り、それがもとで障害や病気を抱えることになるケースもある。アルコールによる内臓疾患、酔っている最中の事故、なかには暴力沙汰による怪我などもある。もちろん、そうしたことが重なって精神の病に至ることも考えられる。

このように、日本のホームレスにおける障害・病気の問題は、一般に考えられているより大きい。

一般の人には「なぜホームレスになるのか」「なぜホームレスをつづけるのか」という疑問があるが、その裏には障害や病気が絡んでいることが少なくないのだ。

## 絶対 自然淘汰される弱者たち

途上国の路上生活者において、精神を病んでいる人の割合は、おそらく日本とくらべてかなり低い。正確な統計が出ているわけではないが、これまで海外の路上生活者や障害者を取材してきた経験から、多くの都市においてそれは断言できると思う。

では、途上国の路上生活者のうち、日本で障害者手帳をもらえるほどの障害があるような人はどれぐらいいか。ここから先は私の完全な経験則でしかないが、ムンバイだけで考えれば一〇〇人のうち一人か二人だと思う（身体障害は除く。ただし、身体障害者で物乞いをしていても、まとまったお金を稼げるのでスラムに家をもっていて、昼間だけ路上で物乞いをしているというケースのほうが多い）。

一般に知的障害者の出生率は二～二・五パーセント。精神障害も含めれば、さらにその数は増す。ということは、路上生活者における障害者の割合は、一般のそれよりも低いということになるだろう。

途上国では福祉制度が整っていないため、精神や心を病んだ者たちにとっては生きにくいはずだ。ならば、路上に暮らす障害者が多くなるのが当然という気がするが、結果が反対になるのはいかなる理由によるものなのか。

答えのヒントとなるのは、彼らが路上生活者になった経緯だ。たとえば、コルカタの路上で暮らす人々の多くが、ビハール州など他地域からやってきた者たちであるということは先述した。彼らは住んでいた農村が旱魃《かんばつ》に襲われて食べていけなくなったり、洪水などで家が流されたりしたことで、コルカタに出てきて仕事にありつこうとする。

ここがポイントなのである。

生まれ故郷が何かしらのトラブルに見舞われたときに生き残り、さらに独力で都市に出てきて、仕事を見つけて働きながら生きていこうとするには、相当の意思と能力がなければならない。逆にいえば、知的・精神障害を抱えている人たちにはそこまでする力がないことが大半だ。それが、都市における路上生活者のなかで障害をもっている人たちが少なくなる理由の一つなのである。

とはいえ、コルカタなど巨大な街では地方から来なくても路上生活者の子どもとして生まれ育つ障害者もいるだろうし、地方から連れてこられる障害者もいるだろう。にもかかわらず、少数であるのはどういうことなのか。

コルカタの路上で長年暮らしてきた男性に尋ねたところ、核心をついていると感じた答えを得たことがある。

「この街の道端で生きていくのは大変なんだよ。知的障害のある人は、幼くして死んでしまうか、田舎から来てすぐに命を落としてしまっている。たとえば、彼らは何もわからないから真夏に布もかぶらずにそこらへんで寝て熱中症になってしまうし、フラフラと歩いていれば車に轢かれてしまう。腐った食べ物を口にして食中毒を起こしてしまう者もいる。そうやって早い段階に死んでしまっているんだ」

路上での危険を回避して生きていくには、それ相応の能力が必要となる。だが、障害や病気によってその能力が欠けていれば、路上で暮らしはじめたところで危険に巻き込まれてしまうのは明白だ。

私は貧困の生活をひと言で譬《たと》えるとき、「自然淘汰《とうた》」という言葉を用いることがある。日本のような恵まれた社会であれば、ホームレスであっても環境によって淘汰されることはあまりない。だが、伝染病をはじめとした数々の危険が無数にある途上国では、環境によって命を落としてしまう人が数えられないほどいるのだ。

いうまでもなく、自然淘汰の最大の犠牲者は弱者である。路上生活においてその最たる弱者が知的・精神障害を抱えた者たちであるのは疑いないことだろう。

# 第3章

# 教育

## 話し合う術をもたない社会、貧しさを自覚させられる社会

## 絶対 なぜ学校へ行けないのか

貧しい国の子どもは学校へ行けないとよくいわれている。ただ、途上国だからといって、子どもたちがまったく学校で教育を受けていないというのは極端な考えだ。実際は途上国といっても国によって状況は大きく違う。

たとえばアジアに位置するアフガニスタンでは、初等教育の純就学率は男子が六六パーセントで、女子が四〇パーセント。中等教育になるとさらに低く、男性が一八パーセントで、女子が六パーセントにまで下がる。だが、ミャンマーでは初等教育では男子が九〇パーセントで、女子が九一パーセント、中等教育で男子五二パーセント、女子五三パーセントだ。同じ途上国といってもかなり開きがあるのがわかるだろう。

アフリカにおいても著しく教育事情の悪い国はあり、その一つ、リベリアでは初等教育で男子が三二パーセント、女子が二八パーセント、中等教育で男女ともに一四パーセントだ。

しかし、同じ西アフリカに属するナイジェリアでは初等教育では男子六五パーセント、女子六〇パーセント、中等教育で男子四五パーセント、女子四三パーセントだ。こちらも教育事情が大きく違うことは明白だ。

とはいえ、先進国の大半が初等教育、中等教育ともに九〇パーセントを超していることを考えれば、途上国の就学率が低いことは一目瞭然《いちもくりようぜん》だ。いったいなぜ子どもたちは学校へ行くことができないのか。おもな要因は次の三つだ。

1　子どもが働かなくては生活が成り立たない。
2　学校が歩いて通える場所にない。
3　義務教育に当てはまらない子どもがいる。

1と2については、おおよそ想像がつくと思うため、説明は割愛させていただく。日本人にとってわかりにくいのは3ではないか。

日本でもそうだが、ある国で義務教育を受けるには、その国の国籍や居住権や住民票を保持していることが必要になる。そこに住む権利をもっていてはじめて、その自治体が運営する学校に税金で入学して勉強することができるのだ。

だが、途上国に暮らす貧困者は必ずしもそういう子どもばかりとは限らない。隣国から両親に連れられて不法越境で移住してきたり、田舎からやってきて定住先もなく浮浪生活を送っていたりしているのだ。

戦争が起きて周辺国へと散らばっていった難民もそうだろう。難民申請をして受理されればいいが、そうでなければ一家は不法滞在者となってしまう。このため、子どもたちはそこに暮らしているのに、地元の学校へ通う権利が得られない。

マレーシアに暮らしていたミャンマー難民が、次のように語っていたことがある。

「僕は不法に国境を越えてタイを経由してマレーシアに来たんです。けど、この国ではなかなか難民申請が通らないばかりか、そのあいだ仕事をすることもできません。そうなると飢えてしまうでしょ。だから、僕は身を隠しながら不法就労しているんですけど、問題は子どもが学校へ行けないことなんです。仕方なく読み書きや計算は僕や妻が教えている状態ですね」

世界の難民人口は一五三七万人といわれているが、ＵＮＨＣＲ（国連難民高等弁務官事務所）の支援対象となっているのはわずか三分の二にすぎない。これに不法な経済移民などをも加えれば、その数はさらに増すのは明白だ。

## 「話し合いによって解決する能力」の欠如

貧困による未就学が引き起こす問題はさまざまだが、基本的なところだと識字率の極端な低下をあげることができる。事実、初等教育の純就学率が低い国では、識字率は一様に下がっている。

アフガニスタンでは男性が四九パーセント、女性が一八パーセント。リベリアでは、男性が六八パーセントで、女性が七六パーセントだ。国連が「とくに開発が遅れている」と定めた後発発展途上国の平均識字率を見ても、男性七三パーセント、女性六三パーセントだ。わかりやすくいえば、後発発展途上国の三人に一人は文字の読み書きができないことになるのである。

識字率の低下といっても、多くの日本人にはそこから起こる問題を想像できないかもしれない。だが、途上国のなかには多民族国家も少なくなく、そういう国では言語の違いを解消するために公用語や共通語といった言葉が使用されている。

たとえば、南アフリカ共和国には一〇以上の言語があるとされているが、公の場で使用されるのはアフリカーンス語か英語である。もしこれらの言語を操ることができなければ、テレビを見ることも、新聞を読むことも、買い物先で人と話をすることもできなくなる。

こうなると何が起こるのか。まず貧困者たちは生まれつきの言語が通じるコミュニティーに引きこもって外に出ないようになる。またメディアにふれる機会がないので、正しい情報が伝わってこない。加えて、思考に必要なボキャブラリーが少ないので、自分の考えをしっかりと人に伝えることで秩序をつくり出していくことができなくなる。

こうした状況が不幸な事態を引き起こした例として紹介したいのが、二〇〇八年に同国で起きた暴動だ。スラムで暮らす貧困者たちが、ジンバブエなど近隣諸国からやってきた移民たちをいっせいに襲撃したのである。日本でも次のように報じられた。

《南アで外国人排斥暴動　2週間で死者40人以上》

暴動は11日に最大都市ヨハネスブルクなどで発生し、南部のケープタウンや東部の港湾都市ダーバンなどにも飛び火した。ケープタウンのスラム街では短銃を持った暴徒が発砲、ソマリア人が経営する小売店への略奪も起きた。（中略）

外国人労働者や移民は襲撃を恐れて避難所に移動し、その数は2万5000人に上る。一方で、モザンビークからの約1万3000人は特別バスなどで国外脱出し、ジンバブエやマラウイからの労働者も帰国を始めた。（中略）

同国はダイヤモンドや金など鉱業主導の経済は好調で2006年は実質GDP（国内総生産）成長率5％を達成したものの失業率は30％と高い。民族和解の精神を受け継いで難民や亡命者を積極的に受け入れてきたが、今回の暴動は、仕事を奪われた低所得者層の不満が暴発した格好だ。

南アでは（中略）、モザンビーク、ナイジェリアなどアフリカ諸国から500万人が流入している。このうち300万人がムガベ大統領の強権支配に苦しむジンバブエからだ。同国は年間インフレ率16万5000%、失業率80%と絶望的な経済状態で、医師や教師といった人材も南アに流れ込んでいる。

（『産経新聞』二〇〇八年五月二十五日）

たまたま私が同国に滞在していたときに、この暴動が起こった。私も暴動の現場を何度か訪れたが、民家は焼き打ちに遭い、病院には血を流した怪我人が運ばれ、助かった人々は涙を流しており、まるで戦場のような凄惨《せいさん》な光景だった。

このとき、私は地元の知り合いに、暴動が起きてここまでに至った理由を尋ねたところ、次のような説明が返ってきた。

「スラムに暮らす南アフリカの人間も、外国からやってきた貧しい人たちも、どちらもまともな教育を受けていないんだ。言葉も、文化も、民族も違う。だから、何かあっても膝を突き合わせて話し合って問題を解決するという選択肢が初めからないんだよ。気に入らないことがあれば、相手を追い出すという選択肢しかないから、虐殺にまで発展するような暴動が起こるんだ」

こういう暴動は途上国の貧困地域でたまに起こるが、先進国ではほとんどない。後述するが、それは多くの日本人が「話し合いによって解決する能力」をもっているために暴力に訴えることが稀なためだ。

しかし途上国では違う。貧困者たちは教育を受けていないために「話し合いによって解決する能力」がない。話し合うことができなければ、人々は憤懣《ふんまん》をどのようにして外に出すのか。その一つのかたちが、暴力なのである。教育の欠如が要因となって、暴動が起こることがあるのだ。

ちなみに、この暴動で政府が鎮圧に動きだしたのは、死傷者が多数に上り、避難民が一万人にまで膨れ上がってからだ。しかも政府はいきなり軍や警察をスラムに大量に投入し、力でもって押さえ込んだ。最初から議論をしようとはしなかったのだ。

これについても先の知人は次のように話していた。

「政府だって、スラムの連中が言葉でいってても理解しないことをわかっているんだ。だから最初から、スラムの連中を相手にしようとしたら力ずくで押さえるしかない。だけど、ことが大きくならないうちにそれをやってしまったら逆に批判されるだろ。だから、どうしようもなくなった時点で一気に武力で鎮圧するんだよ」

教育の欠如が貧困者たちのあいだで暴力を誘発し、さらに政府の暴力をも引き起こす。そうした負のサイクルがさらなる貧困を生み出すことにもなるのである。

## 相対　義務教育という恵まれた制度

日本は、義務教育をだれでも受けられるという点においては、世界でも指折りの恵まれた環境だといえるだろう。そもそも多様な言語があるわけではないので、ほとんどの日本人は生まれながらにして日本語でコミュニケーションをとることができる。一地域に子どもが数えるほどしかいないところであっても、しっかりと学校をつくって数人のクラスを維持することも珍しくない。

また、障害児や病気の子どもでも、きちんと勉強ができる環境が整っている。知的障害児や聾唖《ろうあ》者が通う多様なタイプの特別支援学校が設けられているうえに、一般の学校にも特別支援学級と呼ばれる専門のクラスが用意されている。それに、病院に長期入院している子どもたちのためには、院内学級があって入院しながら勉強を教えてもらえる仕組みになっている。

このような整った環境のおかげで、日本の識字率は九九パーセント以上という世界最高水準に達している。現実にはお年寄りや病気などで学習能力がない人を除けば、ほぼすべての人が読み書きはできているといえる。これは日本人のほぼすべてが、他者と話し合って問題を解決していくだけの教養を身に付けているということを示している。

また日本は、文化などの面でも他者とぶつかりにくい状態にあると考えられる。日本にもアイヌ民族や琉球民族などがいるが、大方の日本人にとっては「日本人」という意識のほうが大きく、ぶつかり合うほどの差を感じている人は少ない。

たとえば、アイヌ民族の人たちはアイヌ語しかしゃべることができず、民族衣装を着て学校へ行くことを主張し、祭りの日には学校を休むということはないはずだ。多少の習慣や方言のニュアンスの違いはあっても、それがもとでぶつかり合って流血沙汰になるようなことはない。

これは外国人を相手にしても似たようなことがいえる。日本に来ている外国人は、ある程度の教養をもっている者が多い。日本のビザを取得でき、渡航費を用意し、日本語をある程度操ることができている時点で、最低でも中等教育ぐらいまではきちんと受けているといえるだろう。

　だからこそ、彼らもきちんと日本人と話し合おうとするし、日本人もそれに応じるだけの教養をもち合わせている。日本の低所得者が、日系ブラジル人や中国人たちが自分たちの仕事を奪っていると考えて、家を焼き打ちにしたり、集団リンチで殺害したりしないのは、そうしたことも大きい。

　とはいえ、日本の教育において、まったく問題がないわけではない。最低限の教養を身に付けられる環境があるという話と、学校に通う子どもたちのあいだで起こる問題はイコールではないのだ。

　事実、日本では低所得家庭の子どもの教育における問題が数字として表れている。たとえば東京二三区の不登校発生率は二・四一パーセントであるのに対し、生活保護受給者の子どものそれは一一・五八パーセントと四・八倍にもなる。高校への進学率も生活保護受給者の子どもは一〇パーセントほど低くなっている。いうまでもなく、学校のなかでは確実に貧困が問題を引き起こしているのだ。

　では、視点を学校内部に定めたとき、途上国の学校と日本の学校とではどのような違いが浮き彫りになるのだろうか。次はそれについて考えてみたい。

## 絶対「生きる」ための授業

これまで途上国で子どもたちが学校へ行けない理由と、そこから派生する問題について見てきた。ただ、途上国全体でいえば、初等教育の純就学率は男子八二パーセント、女子七八パーセントである（中等教育は男子三五パーセント、女子二九パーセント）。つまり、途上国とはいえ、八割ぐらいは学校へ通っているのである。

スラムであっても同じだ。よくスラムの子どもは学校へ行けないというふうに考えられているが、教育設備さえ整っていれば就学率は上がる。たとえば、インドのデリーのスラムの就学率は六八・一パーセントという統計があるから、約七割の子どもが通学している計算になる（辻田祐子「インド都市スラム家計における貧困動態とその次世代教育への影響」）。

ならば、ほとんど問題ないのではないかという意見もあるかもしれないが、そういうわけではない。スラムの子どもたちが通っている学校と、一般の子どもたちが通っている学校には「差異」があり、それが子どもたちの将来に影響を与えているのだ。

インドを例にとってみれば、この国ではエリートを養成するための私立学校と、一般の生徒を受け入れる公立学校（あるいは学費の安い私立学校）に分かれている。日本では私立学校といっても、学力レベルは上から下までさまざまだが、途上国の学費が高額な私立学校はエリート養成機関としての機能がはっきりとあり、子どもたちに徹底した教育はもちろん、国際的に通じる礼儀作法まで叩き込むことが多い。格差社会であるために、エリートの子どもはエリートとして徹底的に育てられるのだ。

逆に公立学校にはエリートを養成しようという意識がない。そしてその目的は地域によって大きな違いがある。インドでも公立学校は各地にあるが、第1章で述べたようにスラムならスラム、ダウンタウンならダウンタウンという具合に地域によって住んでいる人々の生活レベルがはっきりと異なる。そのため、スラムの学校に通うのはスラムの子どもたちにほとんど限定されているのだ。

こうなれば学校は必然的に「スラムの子どもに対する教育」を行うようになる。ではスラム特有の教育とは何か。

まず、多くの学校では進学を前提としない質の低い授業が行われる。内容は、公用語（ヒンディー語）と英語、それに単純な計算をくり返して行う。生徒のほとんどが幼いころから町で物売りをしたり、父親の仕事を手伝ったりしているため、その仕事に必要な言葉や計算の勉強をくり返し行うのである。何度も同じことを教えるのは、子どもたちが必ずしも毎日学校へ来るのではなく、仕事がないときにやってくるため、なかなか歩調をそろえて先に進むことができないからだ。

また、生徒たちが教材や筆記用具を買うことができないため、授業が黒板だけで行われることも少なくない。教師が教科書の内容を丸ごと黒板に書き写して、その場で生徒たちに読ませたり、覚えさせたりするのだが、復習や予習ができないので、生徒の学力が低下する傾向にある。

こうした学習環境では、生徒あるいは親が「学校ではここまで学べばいい」という線引きをしてしまうことがある。貧しい子どもたちのなかには、学校へ通うのは進学のためではなく、働くのに最低限の教養を身に付けることだという考え方をもっている子もおり、彼らはそれが済んだら学校へ行く必要はないと考えるのだ。

インドのビハール地方の農村で暮らしていた子どもが、まさにそうだった。彼は小学校へ通っているときは勉強が大好きだといって、一生懸命に教えられたことを覚えていた。だが、彼はある日ピタリと学校へ行かなくなった。なぜあんなに熱心だったのにやめてしまったのかと思って理由を尋ねたところ、こういう返事だった。

「言葉は覚えたし、計算もできるようになったので、もう学校へ行っても意味がないからやめたんだ。働いたほうが家計の助けになるからね」

農村の子どもであれば、たいていそのまま農夫として働くようになる。とくにインドのように家によって職業がある程度決まっている国であればなおさらだろう。スラムの子どもたちにしても似たような傾向はあるし、就ける仕事は単純労働ばかりだ。そうなると、彼らは方程式のような勉強をしたところで将来役に立たないと考え、読み書きと計算だけできるようになった時点でさっさと働きに出てしまうのである。

このため、学校によっては職業訓練のようなものを授業に取り入れることもある。エチオピアのスラムにある学校で時間割表を見せてもらったら、英語や算数のほかに、ビーズを使用したアクセサリーをつくる授業があり、生徒たちは完成した物を授業終了後に教師といっしょに近くの市場へ売りに行っていた。女性教師は次のように話していた。

「アクセサリーならだれでもどこでもつくって商売にすることができるわ。学校では、早いうちから将来のためにそういうことを教えているの」

途上国では貧困者の将来は限定されているうえに、今日明日の食事代を稼がなくてはならないという厳しい現実がある。学校の教師にとっても、子どもにとっても、早いうちから職業訓練をしたり商売の方法を学んだりすることで、労働への意識を高めていくことが必要となるのだ。

こうして考えてみると、途上国の子どもがどうして真剣に勉強をしているのか、あるいはあるところまで学んだ時点でさっさとやめてしまうのかということがわかるだろう。日本人は途上国の学校で学ぶ子どもの姿を見て、「貧しい子どもたちは勉強をできるありがたさを知っているから目を輝かせて勉強している」と感想を漏らすが、彼らが置かれている立場を考えれば、生きるために必死に勉強をするのは当たり前なのだ。ここに日本の子どもたちの置かれている状況との違いがある。

## 相対 高所得者の子と低所得者の子が混在するクラス

では、日本の低所得者が直面している教育の現状とはどのようなものだろう。

日本にもエリートを養成するような高額な学費が必要な私立学校は少なからずあり、そうではない公立学校は各地に散らばっている。だが、途上国のそれと大きく異なるのは、日本の公立学校にはさまざまな家庭の子どもたちが混在している点である。

日本の「混在型都市」では、高所得者と低所得者が同一の地域に暮らしているということはすでに述べた。そうなれば、当然その地域の学校には高所得者と低所得者の子どもが入り混じることになる。クラスの子どもたち全員が生活保護を受けているということはなく、年収一〇〇〇万円以上の家庭の子どももいれば、生活保護を受けている母子家庭の子どももおり、いっしょに机を並べることになるのだ。持てる子もいれば持たざる子もいるという、社会全体の縮図のようなあり方だ。

また、学校で行われている授業も優秀なエリート校とは異なる。公立学校で行われているのは、あくまで平等な教育である。偏差値五〇に合わせたレベルの授業を教科書通りに行い、カリキュラムには音楽や美術や体育といった大半の生徒にとっては受験に関係のない科目が並び、将来つかう人のほとんどいない古文や漢文といった授業も組み込まれている。生徒の置かれている環境やレベルの違いをほとんど考慮せず、平均や平等をめざして授業が行われる。

このような日本の公立学校に通う低所得家庭の子どもにとって、学校教育にはどのような利点と欠点があるのだろうか。

- 利点……お金がなくても最低限平均的な教育を受けられ、チャンスをもらえる。
- 欠点……多様な生徒が集まっているからこそ、劣等感や不平等をとくに感じる。

利点の面から考えてみたい。

公立学校で行われる授業は、それだけでは超一流学校への進学は困難であっても、一応は平均以上の学力が身に付くことを目標としているので、補習などをしっかりと活用すれば本人のやる気しだいでそこそこの学校へ進学することが可能だ。

もし公立の上位高校へ進学しさえすれば、さらにレベルの高い教育を受けることができ、公立の大学へ進むことも夢ではない。奨学金制度も整っているので私立大学へ行くことも可能だろう。

ここからいえるのは、途上国のスラムの学校では進学自体がほぼ夢のようなものだが、日本であれば高い学歴を身に付け、場合によっては一流の企業へ就職することで、高額な収入を得られるチャンスがあるということだ。実際に、そのようにして低所得家庭で育ちながら高額所得者となった人は少なからずいる。

これを成し遂げるには、本人の強い意思と努力が必要だ。高所得者の子には低所得者の子にはない、いくつもの利点がある。「学習塾で優秀な教師から勉強を教えてもらえる」「勉強に必要な参考書を買ってもらえる」「家で自室をもたせてもらって静かに勉強ができる」「受験費用に関係なくいくつもの入試を受けることができる」などだ。

また、高所得者には高学歴者が多いので、その子どもも生まれつき勉強が得意だとか、学歴に対して高い意識をもちやすい環境にあるということも大きいだろう。低所得者の子は、そうしたものがない条件で勉強しなければならない。子どもにとって、このハンディーは大人が思うよりはるかに大きい。

非情な現実ではあるが、所得と学歴はある程度、比例している。一例として東京大学の学生における親の年収を調べてみると、五一・八パーセントが日本人の平均年収の倍に当たる九五〇万円以上であることが明らかになった。これは明らかに先に述べた高額所得者の子がもっているアドバンテージを反映しているといえる（東京大学「二〇一〇年学生生活実態調査」）。

なぜこうしたことが起こるのだろうか。その答えは、次に見る欠点から浮き彫りになってくる。

## 貧しさを認識させられる子どもたち

公立の学校のように高所得者と低所得者が入り混じった空間では、低所得者は学校生活を通じてさまざまな劣等感を植えつけられることが少なくない。

たとえば、公立学校では授業料こそ無償だが、給食や修学旅行費の積み立て、部活動の諸経費などは各家庭の負担であり、低所得者のなかには支払いが困難な家庭もある。文部科学省の調べでは、公立の小中学校の生徒の約一パーセントが給食費を未納しており（全国で二二億円）、そのうち三〜四割が保護者の経済的問題が原因とされている。修学旅行費についても同じことがいえる。

また、クラスのなかのたわいもない会話から、低所得者の子が自分の境遇の違いを認識することもあるだろう。誕生日に何かを買ってもらったとか、夏休みにどこへ旅行に行くつもりだとか、塾へ週にどれだけ通っているとか、親の仕事が何であってお小遣いがいくらだとか……こうした日常のやり取りのなかで、彼らは自分の家が低所得であることを嫌というほど思い知らされるのだ。

ここが貧しい子どもたちだけが集まるスラムの学校と異なる点だ。途上国の子どもたちは同じような境遇の仲間に囲まれているので必要以上に自分の境遇を悲観することなく、良くも悪くも現状を素直に受け入れてしまう。

ところが、日本の子どもの場合は、あらゆるところで低所得家庭であることを認識することになり、うまくいけば逆境をバネにして人一倍努力するが、うまくいかなければ気持ちが荒《すさ》んで努力を諦めてしまうようになる。後者については日本の教育現場ではよく見られる光景である。

私自身、そのような人たちに会って話を聞いたことがある。その一人の例を出そう。

《Mの学歴》

Mは、兵庫県内で水商売をしている母親の娘として生まれた。だが、母親は県内の店を転々として帰って来ず、祖母によって育てられた。

母は祖母に生活費を渡さず、祖母は自身のパート代でやりくりしていた。Mはお小遣いをもらえなかったので友達と遊ぶことができなかったし、遠足のときなどもお菓子を買ってもっていけないので仮病をつかって不参加だった。

中学に入ると、ますますそうした傾向が強くなった。制服や上履きが小さくなっても買ってほしいといいだせない、お祭りなどに誘われても行くことができない、虫歯になっても歯医者に行きたいとさえいいだせなかった。

そうしたことがつづき、Mは中学一年の時点で高校進学を諦めた。だからこそ、勉強は一切しなかった。勉強をしてもムダというより、勉強をしてしまえば進学しないことを不思議に思われてしまうからだ。そのため、わざと学校をさぼる不良たちと付き合うようになっていった。

Mは中学卒業後、近くの洋服店やスーパーでアルバイトをするようになった。高校へ進学した同級生たちとは恥ずかしくて疎遠になり、また同じ仕事先でもふつうの家庭の高校生や大学生たちとは仲良くすることができなかった。つねに、自分と彼らとは何かが違うという意識があったのである。

結局、彼女は十八歳のときに同じような家庭の出身の男性とのあいだに子どもができたことで結婚。だが二児をつくったときに離婚し、いまは生活保護を受けながらシングルマザーとして生きている。

---

現実問題として、このような低所得者の子どもは少なからずいる。親にも子どもを進学させるという意思がなく、子どももまた親の経済状況を見てその意思を失ってしまうのだ。図表6を見ていただければ、所得によって親や本人の進学への意思が大きく異なるのがわかるだろう。

**図表6　貧困家庭において親と子どもが考える理想学歴**

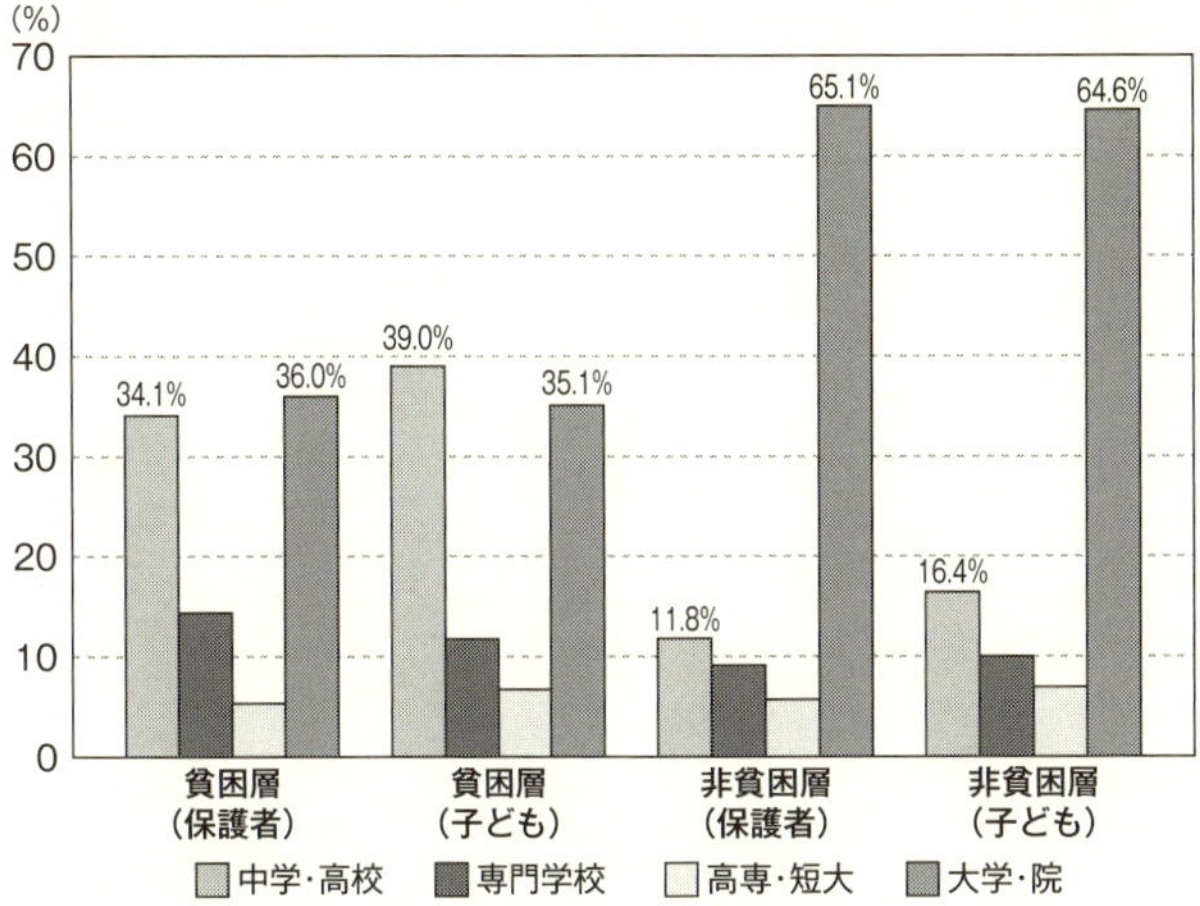


出所：内閣府「親と子の生活意識に関する調査」(2011年度)

こういう子どもが一度劣等感による負のスパイラルにはまってしまうと、なかなか抜け出すことができない。日本の公立高校で教師をする女性は次のように語る。

「経済的に豊かではない家庭の子どもは、まず親に負担をかけまいとして受験をすることを諦めてしまう傾向にあります。子どもにとっては親に迷惑がられるのが一番つらいんでしょうね。だから予備校に行きたかったり、大学に進学したかったりする気持ちを抑えて、高校卒業後すぐに就職するっていいだすんです。うちの高校の場合は、入学当初から就職を希望する生徒の八割以上が所得の低い家庭の子どもです」

国が完全に平等な社会をつくることは不可

能だ。人間社会というのは、必ず不平等を生み出す仕組みになっているのである。

国は公にはそれを認めないものの、ある程度前提としたうえで低所得者の子であってもがんばれば報われるよう、多くのチャンスが用意された社会をつくろうとしている。途上国とくらべれば、日本がさまざまなところにチャンスを見出せる国であることは疑いない事実だ。

しかし、環境がいくら整っていても、子ども本人が国が用意したチャンスを活かそうとしないかぎり、無意味なものになりかねない。難しいのは、子どもが意思をもつには、国だけが何とかしようとしても効果が薄く、家庭や友人といった身近な人たちの影響力が大きいということだ。つまり、すべての人間が一丸とならなければ、なかなかチャンスをものにしようとする意思を得るまでにはならない。

昔、アフリカのギニアの出身である有名外国人タレントと貧困についてのイベントをした際に、彼がこんなことをいっていたのが印象的だった。

「僕は大人になるまで、自分が貧しいって思ったことなかったよ。周りがみんな大変だったから、それが当たり前だって思っていた。だから、つらいとか大変だったっていう記憶がないの。けど、日本はそうじゃないでしょ。子どものときから自分は貧乏だとか、頭が悪いとか植えつけられる。こんなのかわいそうだよ。僕だったら嫌になっちゃうもん」

この言葉がいままで述べてきたことを示しているように思えてならない。

## 絶対 国によって異なる男女の教育格差

最後に一つ、教育における男女格差について言及したい。貧困はさまざまなかたちで子どもたちから勉強の機会を奪うが、ここに男女格差はあるのかという話である。

日本において、教育における男女格差は統計を見るかぎり大きな差はないといっていいだろう。中学校就学率、高等学校就学率に関しては、ともに九〇パーセント以上に達しており、大学進学率五五パーセントのうち、男子が五二・四パーセント、女子が五六・五パーセントと大差はない（内閣府「男女共同参画白書 平成二十三年版」）。

日本には貧困におけるさまざまな教育問題はたしかにある。だが、そこに男女格差といえる明らかなものはあまり見受けられないし、あってもデータとして表れてこない小規模なものだといえるだろう。

だが、途上国では事情が異なる。先に見たアフガニスタンのように、男子にくらべて女子の就学率が圧倒的に低いような国があるためだ。貧困とは、女性から教育の機会を不当に奪うものなのだろうか。

じつは、途上国の教育における男女格差は、国によって事情が大きく異なる。ある国ではアフガニスタンのように女子の就学率が低くても、別の国では別の事情で男子の就学率が低くなるのだ。

アフガニスタンと似たような理由で女子の就学率が低いのが、パキスタンやイエメンである。イエメンの初等教育では男子七五パーセント、女子六四パーセント、パキスタンでは男子が七〇パーセント、女子六二パーセントだ。

イエメンの場合はイスラーム原理主義勢力の力が強いうえに、砂漠地帯が多く物理的に学校へ行くことができない子どもが少なくない。パキスタンでは、武装勢力に頭を撃たれた後にノーベル平和賞の候補となったマララ・ユスフザイさんの例からわかるように、アフガニスタンからやってきた武装勢力が女子の就学に反対するような運動をすることで、女子の就学率が落ちている。

一点誤解をしないでほしいのは、イスラーム国家だからといって女子の就学率が格段に下がるわけではないということだ。先述の国では、原理主義勢力がイスラームの教義を捻《ね》じ曲げて社会不安を与えていることでそうした結果が起きているが、イスラームの教義は必ずしも女子の就学率を押し下げるものではない。

たとえば、同じ中東の貧困国でもシリアの場合は、男子八七パーセント、女子八六パーセントとほぼ同数だ。女子のほうがむしろ就学率が高い国もあり、パレスチナでは男子九一パーセント、女子九二パーセント、バングラデシュでは男子八五パーセント、女子八八パーセントだ。こうしてみると、原理主義が問題になることはあっても、イスラームの教義それ自体が女子の就学を妨げているわけではないことがわかるはずだ。

ほかに女子の就学率を著しく下げる要因となるのが、戦争などによる極端な治安の悪化だ。顕著な例はいくらでもある。たとえば、次の国を見ていただきたい。

中央アフリカ共和国……男子五六パーセント、女子四七パーセント
チャド……男子五六パーセント、女子四八パーセント
南スーダン……男子三二パーセント、女子二五パーセント

いずれもアフリカの中部に位置していて、戦争をしていたり、政情が不安定だったりするような国である。中央アフリカ共和国ではイスラーム勢力とキリスト教勢力が激しく対立し

て混乱が生まれているし、チャドも同じような構造で長年内戦がつづいてきた。南スーダンにいたっては内戦の末に二〇一一年に分離独立した国だが、いまも国境などを巡る戦闘がつづいている。

このような国では民族や宗教対立によって人々が疑心暗鬼になっているうえに、強姦や虐待、誘拐《ゆうかい》といった犯罪が頻発する傾向にある。当然、国内の学校教育そのものが弱体化していくし、弱い立場の女の子が一人で治安の悪い外を歩いて学校へ通うことは難しくなっていく。

以前、スーダンで教育支援をしていたNGOの職員が次のようなことを話していた。

「町が戦場となれば、学校は一時的に閉鎖されるのがふつうです。ただ戦争が日常的になると、一応学校自体はやっているんです。でも、そんな地域では生徒も荒れていて、子どもが銃をもってきていたり、町に銃をもった民兵がウロウロして通りがかる若い女の子をからかったりすることがあるんです。当たり前ですけど、若い真面目な女の子はそんなところに行きたいとは思いませんよね。行ったところで、どんなトラブルに巻き込まれるかわかりませんし、勉強を活かすことができる職場もないんですから。私は現地に入って教育を支援するという立場でしたから、一人でも多くの子どもを就学させなければなりませんでした。でも、本音をいえば、あの子たちに危険を冒してまで学校へ行けということはできませんでした」

教育の現場が、犯罪の現場と化したとき、女子の就学率が格段に下がるのはやむを得ないのだろう。

## 女子の就学率が高い国の場合

一方、途上国でも反対に、女子の就学率が男子を大幅に上回ることがある。とくにそれは中等教育において顕著である。たとえば次のような国だ。

タイ……男子六八パーセント、女子七六パーセント
フィリピン……男子五六パーセント、女子六七パーセント
ドミニカ共和国……男子五八パーセント、女子六七パーセント
サモア……男性七三パーセント、女子八三パーセント

どうして女子のほうが就学率が高くなるのか。おおよそ二つの理由がある。

一つには、貧しい農村などでは男子は中学生ぐらいになると立派な労働者として、親のもつ畑で働かなければならないということだ。農村では収穫など一年に何度かまとまった人手

が必要な時期があったり、父親は出稼ぎに行っていて、子どもたちが畑を守るということがあったりする。

漁業においても同様だ。中学生ぐらいになれば、船に乗って朝から晩まで漁をしなければならない。場合によっては、大きな船に乗って何日も帰ってこないこともあり、学校へ行くことは困難だ。

忘れてはならないのは、絶対貧困層というのは都市のスラムや路上にだけいるのではなく、むしろ田舎に多いという点だろう。そして、貧しい農村や漁村では、男子は初等教育を終えた時点で家計を担う立場として働かなければならず、他方、女子は学校が終わってから幼い妹や弟の世話をしたり、家事を手伝ったりすればいい。あるいは、都会へ働きに出ればいい。そうしたことが、女子の中等教育における就学率を引き上げるのだ。

インドネシアの漁村でこんな話を聞いたことがある。

「うちの村では男の子は子どものころから海に出て、十二歳ぐらいになれば漁師として働くようになる。だから、そのころからなかなか学校へは行かなくなるね。女の子の場合は違うな。さすがに船に乗ることはないから、ある程度の年齢になったら町に住んでいる親戚のところに住み込んで、工場で働くことになるんだ。だから、女の子には工場で働けるようにちゃんと学校へ行ってもらうんだよ」

地方によっては構造的に女子のほうが就学率が高くなるところもあるのだ。

二つ目の理由としてあげたいのが、女子の出稼ぎが就学率を高めるということだ。すでに述べたように、フィリピンのGDPの一割は、出稼ぎ労働者をはじめとした海外からの送金である。国に仕事がないため、多くの若者が海外へ出て行って、そこで稼いだお金を仕送りしているのである。

国によっては若者の出稼ぎ者の多くを女性が占めているケースもある。フィリピンの場合は女性が約七割を占め、男性は三割にすぎない。

なぜこうしたことが起こるのだろうか。それはビザの問題が大きい。男性が出稼ぎに行ってできるのは肉体労働などの単純作業だが、そうした労働者を受け入れている国はけっして多くはない。しかし女性ならば家政婦、ホステス、ウエイトレスといったサービス業に従事することになり、国によってはそうした労働力を欲している。

たとえば、サウジアラビアなど中東の国では自国の女性が社会でそうした仕事に就くことが少ないため、安価な外国人女性にそれを任せようと、ビザを比較的簡単に発行している。そのために、女性の出稼ぎ労働者が増加するのだ。

このような社会では、女性は二十歳前後から外国へ出稼ぎに行くために、しっかりと教養を身に付ける必要がある。語学力を高め、外国の地理や文化を学ばなければならない。だからこそ、女性のほうが学業に対する意識が高くなり、結果として中等教育の就学率が底上げされるのだ。

以上、見てきたことを考え合わせれば、国の貧困のあり方によって、男女の教育格差がどのようなかたちをとるかがわかるだろう。貧困地域において教育の欠如は大きな問題だが、それが生み出す様相はその国の社会事情によって大きく変わってくるのである。

# 第4章

# 労働

## 危険だが希望のある生活、
## 保障はあるが希望のない生活

## 絶対　崩壊の危険と隣り合わせ

本章では貧困者の労働について見ていきたい。

話を進める前に、スラムに暮らす貧困者がどのくらいの収入で、どのような生活をしているかを述べたい。細かく見れば、地域や家庭によってさまざまであることを前提に、バングラデシュの首都ダッカのスラムで生活する六人家族を例にとってみよう。

一家の主である父親は荷物運びの仕事をしており、収入は一日五〇〇円程度。妻や十二歳と十歳の息子が時折働いて家計を助けている。それでも月の収入は一万円ちょっとである。一人当たりで計算すれば、一・二五ドル以下の絶対貧困に当てはまる。

食事は、一日二食。朝はパン一枚とお茶だけ。父親だけ昼食（弁当）を食べるが、妻や子どもたちはない。したがって、町の果物屋の主人から傷んだリンゴをもらったり、ちょっとしたアルバイトや手伝いをしてパンやジュースをもらって空腹をしのぐ程度だ。そして夜には家でみんなでカレーを食べる。これが二食の中身だ。

その他、一家がスラムで生活するには家賃がかかる。スラムでの生活は本来不法占拠なので家賃は必要ないはずなのだが、バラック自体は別の人から借りて住んでいるので毎月三〇〇〇円ほど取り立てられるのである。食費と家賃を払って、わずかな余りが生活の雑費として消費される。

このような貧困者の生活で一番の問題は、収入と生活費が同額であり、余剰がまったくない点だ。余剰がなければ、何か起きたときに生活が一瞬で壊れてしまう。ここであらためて貧しい生活とは何かという問いを考えてみたい。あえていえば、次のように定義づけられるのではないか。

「かろうじて生きていけるが、何か一つでも問題が起これば崩壊してしまうほどもろい生活」

どうにか生活自体はできているが、それがいつ壊れるともしれない状況こそ、「貧しい生活」だといえるのだ。では、その生活はどのような問題によって崩れてしまうのか。スリランカの紅茶プランテーションで知り合った一家を例にあげたい。

《紅茶プランテーションでの家族崩壊》

夫婦には四人の子どもがいた。父親はプランテーションや工場で働いており、日給は三〇〇円ほど。妻と長女は地元の工場で働き、次女が下の子どもたちの面倒を見ていた。それで生活は何とか成り立っているという状態だった。

そんなある日、予期せぬことが起きた。妻が妊娠したのである。生まれてきた五人目の子どもは重度の知的障害児だった。身動きさえろくにできず、二十四時間寝たきり。幼い次女では世話をすることができず、仕方なく妻は工場での仕事をやめて一番下の障害児の面倒を見るようになった。

家族はこれによって家計が成り立たなくなった。スリランカでは福祉制度が整っていないため、保障さえ得られず大きな働き手を一人失い、さらにこれまで以上に生活費がかかることになったのだ。

さらに、ただでさえ部屋が狭かったため、全員で過ごすことができなくなった。汚物の臭いもひどい。障害児のことで夫婦喧嘩《げんか》が絶えなくなり、力を合わせるどころか、やっていこうという気持ちさえなくなった。

父親は悩んだ末に離婚を決意。妻と障害児を実家に帰し、長女と次女とともに働きながら、幼い二人の子どもの面倒を見ることにしたのである。

この例を見れば、かろうじて成り立っていた生活が、一つの出来事によっていかにもろく崩れ去るかがわかるだろう。この家庭の場合は、障害児の誕生がきっかけだったが、ほかにも交通事故や自然災害などそれに代わるものはいくらでもある。それだけ簡単に壊れてしまうのが絶対貧困の生活なのだ。

## 貧困から抜け出す未来をめざして

では、彼らにまったく現状を打開するチャンスがないのかといえば、そういうわけでもない。プランテーションや工場などで働いているかぎりは、給与が劇的に上がることはないので、生活が改善される見込みは無きに等しい。都市部の仕事でも建築現場や町工場での仕事に従事していれば同じことがいえる。

だが、貧困者たちの仕事のなかには完全歩合制のものもある。たとえば、リキシャの運転手、新聞や煙草売り、廃品回収業、靴磨きなどだ。これらの仕事は不安定ではあるが、逆に稼いだら稼いだだけ自分の収入となる。次のような仕組みになっている。

- リキシャ運転手……自転車は一日数百円でレンタル。それ以外が運転手の収入。
- 新聞・煙草売り……仕入れの代金は自分持ち。それを引いた利益が収入。

・廃品回収業……元手はかからず、廃品を売って得たお金が収入。
・靴磨き……ブラシや靴墨など道具は自分で用意する。それを引いた額が収入。

こうした仕事をするほとんどの人は、低収入で苦しい生活を余儀なくされている。だが、一部の人たちは天性の商才、あるいはたまたま舞い込んできた幸運によって多額のお金を稼ぐことに成功して、貧困生活から脱却することがある。

私の知っているインドの男性は、廃品回収をしていた際に町工場の主人から気に入られて、毎日工場の片づけをする代わりにゴミをもって行っていいといわれた。そのゴミが高く売れ、一年余りで多額のお金になった。彼はそのお金を元手にして車を買い、今度は町工場向けのリサイクル業を始めたところ、これが当たってさらに多くのお金が手に入って、いまはリサイクル業のほか、食堂の経営にまで事業を広めている。

この例からわかるように、貧困者たちのする自営業あるいは完全歩合制の仕事にはチャンスが眠っているのだ。貧困者たちの仕事にこうした自営業・完全歩合制のものが多い理由は、国が彼らの仕事をそこまで取り締まらず、グレーゾーンをつくっているためだといえる。

貧困者たちが行っている仕事は児童労働だったり、無許可だったり、税金未納だったり、違法な転売だったりと本来は規制されるべきものが多い。だが、途上国ではいちいちそれらを取り締まると、彼らが食べていくことができなくなるため、見逃すようなかたちで公然と行われている。逆にいえば、法の体系に組み込まれていないからこそ、成り上がりが夢ではなくなるのだ。

貧困者たちにとっては、そうした成功の可能性のある仕事が希望になっていることも少なくない。かつて私はバングラデシュのコックスバザール郊外にある魚の加工工場を訪れ、従業員たちにいろいろと話を聞いたことがあった。この工場では男性の日給が約三〇〇円、女性が約二〇〇円だった。私が彼らに「一生ここで働くつもりですか」と尋ねたところ、若い男性から次のような返事があった。

「工場の仕事には未来がありませんから、ずっとやるという気持ちはありません。ここで二年ぐらい働いてお金を貯めてから、ダッカの街に行ってリキシャの運転手をやりたいと思っています。もちろん、リキシャの運転手だって工場の仕事と同じ程度、悪くすればそれ以下の収入でしかないのは知っています。だけど、成功することもあるんです。これは聞いた話ですが、僕と同じ村の男性がダッカでリキシャの運転手をやっていたところ、お金持ちに気に入られて専属として働くようになって、お給料もかなりもらえるようになったそうです。

彼はそれでリキシャを何台か買って、今度は運転手にリキシャをレンタルする商売を始めて大成功したとか。だから僕も同じようにリキシャの運転手になってお金持ちになれるように努力したいんです」

彼がいうような成功者はほんとうに一握りだ。だが、そういう成功例が貧困者たちにとって「いつか自分も貧困から抜け出せるかもしれない」という希望の光になっているのである。途上国の労働現場を訪れると、給与制だろうと歩合制だろうと、日本にくらべると明るさがあるように思えてならない。それは、先の工場で働く男性がいっていたような希望とは無縁ではないはずだ。

## 相対 希望の欠けたシステム

日本に目を移してみると、低所得者たちがしている仕事には、途上国とは違う現実がある。

日本の低所得者たちの仕事の特徴をひと言で表せば、法律の傘の下に収まっているために定められた最低賃金はしっかりと保障されるという点である。最低賃金とは、最低賃金法に基づいて定められた賃金の最低額である。その額は、図表7のように自治体によって差がある。たとえば東京都の場合は八五〇円。これはどれぐらいの額かといえば、一日八時間、週に五日働いた場合で一三万六〇〇〇円だ。法律の体系下にあるからこそ、年金や保険や税金を支払わなければならず、手取りは一〇万円を切ってしまう。

この額では、余剰をつくるにはとうてい足りず、生活が成り立つ最低ラインだといえる。何か問題が起きた時点で生活が崩壊する危険があるという意味では、途上国の貧困者が置かれている状況とさほど変わりないといえるかもしれない。

では、日本を途上国とくらべた場合、仕事環境にどのような違いがあるのか。それは、グレーゾーンの仕事が少ないことだ。

**図表7　2012年度　地域別最低賃金**

| | | |
|---|---|---|
| 1位 | 東京都 | 850円 |
| 2位 | 神奈川県 | 849円 |
| 3位 | 大阪府 | 800円 |
| ⋮ | | |
| 21位 | 群馬県 | 696円 |
| ⋮ | | |
| 46位 | 島根県 | 652円 |
| 46位 | 高知県 | 652円 |

出所：厚生労働省

日本の低所得者は法律によって最低限度の生活は保障されている代わりに、公道のど真ん中で許可なく新聞を売ったり、無免許で運転手をしたりといった違法行為を厳しく制限されてしまう。ホームレスが駅構内のゴミ箱を漁って古本を売ったりしているが、ああいう商売とてある程度の規模でやれば目をつけられて取り締まり対象になってしまうだろう。

法の体系に収められているということは、決められた収入しか得られないということだ。こうなると、途上国の貧困者たちのように、グレーゾーンのなかで実力だけでのし上がるような機会を得ることが難しくなる。

もちろん、日本にも完全歩合制のものがあったり、社員登用のあるアルバイトがあったりするだろう。だが、途上国のように文字の読み書きのできない人たちが実力だけで会社の社長になるようなことは稀有《けう》だ（日本の戦後の混乱期などはグレーゾーンがあったので、そういう事象はよくあった）。

社会のなかで法律がきちんと守られることによって、大きく転げ落ちることもなくなったが、逆に大きく飛躍する機会も失われたのである。

低所得者のなかには、このような日本の労働環境を八方塞《ふさ》がりの状態だと考えて、「希望のない労働」と受け取る人も少なくない。心理カウンセラーが次のように語っていた。

「低収入の非正規労働者が、心を病んでしまうことは少なくありません。上司からのパワハラだとか、生活が立ち行かなくなってといったことがありますが、一番大きいのはいまの生活が死ぬまでつづくかもしれないという不安でしょう。未来に何かチャンスがあれば、がんばっていこうとか、ここまでやってみようというような気持ちになりますが、そうでないと働いていくのはしんどいものです。趣味に走るにもお金がかかるし、恋愛して結婚するにもお金がかかるから、プライベートで息抜きをすることもできません。そういう流れのなかで心を病んでしまうのですが、カウンセラーとしての私にとっても助言が非常に難しいんです。私としてはこうすれば心が休まるとか、こうすれば希望が見えるというふうに示せればいいのですが、なかなかそれができない。病気を克服する側にとっても、治療する側にとっても難しい時代です」

途上国の貧困者は路上で働いていてもどこかに希望があるような表情をしているし、工場で働いていても将来はこうしようという意思をもっていたりする。それは、高い可能性でなくても、彼らがチャンスを感じているからだろう。

だが、日本では最低限度の生活が保障されており、老後には年金をもらえることになっていながらも、どこか鬱々《うつうつ》とした空気がある。希望がないわけではないが、それを自分のものとして受け止めて前を向くことが難しいのだ。

## 絶対 もし仕事を失ったとしたら

ここまで見てきたのは、途上国や日本で人々がどんな気持ちで低賃金の仕事をしているかということだった。次に考えたいのは、彼らがそのような仕事を失ったあとのことである。

途上国の貧困者が仕事を失ったとき、コミュニティーに助けてもらうということはすでに述べた。だが、コミュニティーに入っていなかったり、コミュニティーの相互扶助が機能しなかったりした場合、彼らは自力で命をつないでいくしかない。そのとき、途上国にはあって、日本にはない生き方が「移民」「経済難民」「出稼ぎ」である。自国より豊かな国へ移り、そこで生活の糧《かて》を得るということだ。すでにこれまで部分的に見てきたが、重要なのでここでしっかりと考えてみたい。

まず具体的にイメージしてもらうために、南アフリカに渡ったジンバブエ人の例を見ていただきたい。

《ジンバブエの移民》

ジンバブエ共和国のスラムに暮らしていた一家は、細々とだが肉体労働で生活費を稼いでやりくりしていた。

朝、肉体労働希望の者たちが集まる集合場所へ行けば、建築会社のトラックがやってきて次々と乗せて現場まで連れて行ってくれる。もちろん、仕事がある日もあればない日もあったが、食べていけなければ同じスラムに暮らす仲間たちが助けてくれた。

だが、ジンバブエでは政治家の汚職や戦争、それに誤った政策によって、二〇〇〇年ごろから空前のインフレが起きて国内経済が破綻《はたん》してしまった。真っ先にその煽《あお》りを食らったのが、スラムで底辺の暮らしをしている者たちだった。

本来、生活が苦しくなれば、コミュニティーの仲間たちが手を差し伸べてくれるが、このときはスラム全体が立ち直れないほどの打撃を被《こうむ》った。仕事がなくなったばかりか、これまでもっていたお金がインフレのせいで紙くず同然になってしまったのだ。

スラムでは貧しい人々が栄養失調で倒れていった。一家はこのままだと全員餓死してしまうと考えた。しかし国には仕事がない。そこで隣国の南アフリカ共和国へ移ることにした。南アフリカであれば言葉は通じるし、仕事はあるはずだ、と。

一家が頼ったのは、前年に同国へ移住した親戚だった。まず親戚が暮らすスラムのバラックに転がり込み、肉体労働の仕事を紹介してもらってから、同じスラムに居をかまえて暮らすことになったのだ。

父親は次のように話していた。

「ジンバブエに帰るつもりはない。いまはまだ不況がつづいているし、もし良くなったとしても南アフリカよりマシになることはないだろう。それにそのころには私はもう年寄りだ。だからずっと南アフリカで暮らすつもりだ」

この例のように、コミュニティーが相互扶助機能を失ったとき、貧困者は生きていくために国外へ移り住むという選択をすることがある。ジンバブエの場合、約一三〇〇万人の人口に対して、南アフリカへ移り住んだ人の数は一〇〇万〜三〇〇万人に上るといわれている。一度でも南アフリカで働いた経験のある人となれば、成人人口の四分の一に当たる。どれだけの人が移住、あるいは出稼ぎをしているかがわかるだろう。

もちろん、ほかの途上国でも似たようなケースは少なくない。UNDPによれば、海外で働く出稼ぎ労働者の数は一億七五〇〇万人に上ると推定されている。これに家族ごと移住した人の数を合わせれば、途方もない数になることは間違いない。

## 移住者や出稼ぎ労働者が多い理由

これほどまでに移住者や出稼ぎ労働者が多くなる背景には、二つの要因がある。

一つに、歴然と存在するグローバルな格差だ。国境一つ隔てて、豊かな国と貧しい国に分かれてしまう。「インド／ネパール」「サウジアラビア／イエメン」「タイ／ラオス」「アメリカ／メキシコ」など、どの地域にも勝ち組としての大国と、負け組としての小国がある。

国どうしのこうした関係のなかでは、大国が小国の労働力を吸い上げる構造ができているのが常だ。小国の失業者たちが仕事を求めて大国にやってきて、そこで3K（「危険」「汚い」「きつい」）労働に従事するのだ。大国の雇用者にしてみれば、外国人労働者は低賃金で働いてくれるので歓迎する傾向にある。

二つ目の要因となっているのが共通する言語である。陸続きの隣国の場合は、言語が似ているので教育を受けていなくてもある程度言葉が通じることがある。ネパール人ならインドのヒンディー語をおおよそ理解できるし、サウジアラビアとイエメンはアラビア語で同じ、ラオス人もタイ語を大体理解できる。また、言語ばかりでなく、宗教や文化も近いということも大きい。

日本人が海外へ行こうと思えば、海を越えて言語も文化もまったく違うところに飛び込むという意識がある。だが、右記のような環境にある人たちは、極端にいえば沖縄から東北に移り住むぐらいの言語や文化のギャップしかないことが少なくない。そうしたことが移民や出稼ぎ者を増やすことになるのだ。

このようにして移民や出稼ぎ者が数十万人単位に膨れ上がると、それを助けるシステムが生まれるようになる。手配師のような人間が手数料を取り、不法越境から居住先の確保、そして仕事の紹介まですべての面倒を見るのだ。

たとえば中米のグアテマラやホンジュラスといった貧しい国では、アメリカへ移住させる「コヨーテ」と呼ばれる手配師グループがある。彼らにお金を払えば不法越境から定住先までを紹介してもらえるのだ。出稼ぎとして行く者もいれば、家族を連れて行ったり呼び寄せたりして移住する者もいる。有名どころでいえば、中国の「蛇頭」なんかも同じだ。こうしたグループを利用することによって、本来は難しいはずの移住や出稼ぎが容易なものとなるのである。

グアテマラのNGOの職員はこう話していた。

「スラムの人たちは貧しくてもあっけらかんとしていますね。彼らの頭には、もし生活が行きづまっても、アメリカへ行けば何とかなるっていう気持ちがあるんですよ。だから、ほんとうの意味で追いつめられていないんです」

これを聞いたとき、スラムに暮らす貧しい人たちがどんな苦境に立たされても笑っている姿が思い浮かんだ。彼らはまともに食事を摂れない状況になっても明るさを失わなかったり、どうにかなるさとうそぶいてみせたりする。

私はその楽観性は民族性のようなものとして捉えていたが、もしかしたらNGOの職員がいうように、「外国へ行けば何とかなる」という思いが根底にあるのかもしれない。だとしたら、たしかにそれは希望となっているのだろう。

## 相対　連鎖する貧困

これに対して、日本では低所得者が海外へ移住もしくは出稼ぎに行くという発想をもつことは皆無に等しい。日本にいるより状態が悪くなるのは明らかだし、言語も文化もまったく異なる外国でどうやって働けばいいのか想像もできない。結果として、低所得者は仕事がなくなっても日本に留まりつづけるしかない。

日本では、低所得者が仕事を失ったときに頼みの綱にするのは公的な福祉制度だ。代表的なものが、これまでもさんざん言及してきた生活保護だろう。

生活保護の支給額は、地域や個人によって差があるが、単身者で一カ月当たり一〇万円台前半といったところが一般的だ。五万円ぐらいの家賃の住居に暮らし、五万円ぐらいの生活費が支給されるのである。

子どもがいる場合は子どもの数や年齢によってまちまちだが、一例として子どもが二人いる母子家庭の場合で、年間平均が約二六八万円（月額二二万三〇〇〇円）となっている。もちろん国民年金や社会保険の支払いは免除される。そう考えてみれば、そこそこの生活はできるといえるかもしれない（平松茂『Q&A貧困とセーフティネットの基礎知識』明石書店）。

また、本人が障害をもっている場合は、障害基礎年金が給付されることになる。障害の度合によって支給額は異なるが、一級の障害者の場合は年に九八万三一〇〇円（月額八万一九二五円）が支給され、さらに子どもがいればその数に応じて加算されていく仕組みになっている。

こうしてみると、日本ではいくつもの福祉制度が網のようになって、社会からこぼれ落ちた人々を助けているのがわかるはずだ。それはそれで非常に恵まれたことである。だが、これは諸刃《もろは》の剣《つるぎ》でもあり、恵まれた条件が整っているがゆえに、人々から勤労の意思を奪い取ってしまうことにもなりかねない。

たとえば先述したようにシングルマザーが二人の子どもを抱えて職を失った場合、生活保護による収入は月に二二万三〇〇〇円だ。さらに医療費や所得税などが免除されることになる。月収三〇万円稼いでいる人と同じぐらいの生活レベルを得ることができる。

ところが生活保護に頼らずにパートで働いた場合、最低賃金であれば手取りは一〇万円以下だ。これでは仕事を見つけて、体や精神を酷使《こくし》して働くほうが損をすることになってしまう。

大阪府の職員は、こうした現状について次のように語る。

「だれだって仕事をもって自立したいと考えるのは当然でしょう。しかし、生活保護をもらって暮らすほうが高い生活レベルを維持できるなら、なし崩し的にそっちを選択してしまうことはやむを得ないんじゃないですかね。そして一度生活保護を受給してしまうと、なかなかいい条件の仕事が見つからないから、ずっとそれにしがみつくようになる。やめたくてもやめられないという人もたくさんいるんです」

シングルマザーが二人の子どもを抱えながら、月に三〇万円を稼ぎ出すことは現実的に難しい。そうなれば、わざわざ働いてつらい思いをするよりは、もらえるものはもらっておこうということになる。

こうした親の姿勢は子どもに影響を及ぼすこともある。親が働かずに生活保護に依存している暮らしを見て育てば、子どもの頭のなかに「生活保護の受給」が人生の一つの選択肢として組み込まれることもある。子ども自身、「何かあったら生活保護をもらえばいいや」という考えを抱いたりするようになるのだ。そうでなくても、生活保護を受けた環境で育つことで、塾へ行けなかったり、家庭が荒《すさ》んだりといったさまざまな悪影響を受けることで、子どももまた大人になって社会に順応できずに生活保護に頼ることも出てくる。

その一つの例としてある女性の例をあげたい。

《Kが生活保護を受けるまで》

Kの母親は二度の離婚のあとに精神を病み、それまでしていた水商売をやめて生活保護を受けるようになった。Kは一人娘として育った。

母親は生活保護を受けてからも、昔の男を時折家に招くことがあった。Kはそんな家が嫌で不良グループに入り、お金もなかったことから中学卒業後はアルバイトをして生きていくことにした。

十八歳のとき、Kは六つ年上の男性と結婚した。夫は運送業者として働いており、Kはパチンコ店のアルバイトをしていたので生活はできていた。やがて長男が生まれ、彼女は育児のためにアルバイトをやめた。

それから一年後、予期せぬことが起きた。夫が覚醒剤《かくせいざい》に手を出し、Kに暴力をふるうようになったのだ。最初は子どもを育てなければならないと思って我慢していたが、夫は勝手に仕事をやめたうえに覚醒剤所持で警察に捕まってしまった。

Kはやむなく離婚。自分で働いて子どもを育てようとしたが、中卒であるためになかなかいい仕事が見つからない。そんなとき、思いついたのが生活保護だった。母親は生活保護を受けながら、自分を育ててくれた。自分も申請すれば同じようにまとまったお金をもらえるのではないだろうか。

彼女はインターネットで調べてNPOに相談しに行き、いっしょに申請の手続きをしたところ、子どもがいたこともあってあっさりと受理された。その後、彼女は自立をめざしてキャバクラなどで働いてみたものの、子どもを抱えたままでは無理があり、結局数日でやめてしまった。

いまは働くことを諦め、子どもが大きくなるまでは生活保護で生きることにしている。

---

Kのように、親が生活保護を受けていて自分も同じ道に進んでいく人は、けっして少なくない。統計にもそれは表れており、生活保護を受けたことのある人で「親も生活保護を受けていた」という項目に当てはまるのは二五パーセントにも及ぶという。母子世帯に限っていえば、四一パーセントにもなる。あくまである特定集団における割合ではあるが、低い数値

## 図表8　保護者(母親)の属性と貧困率

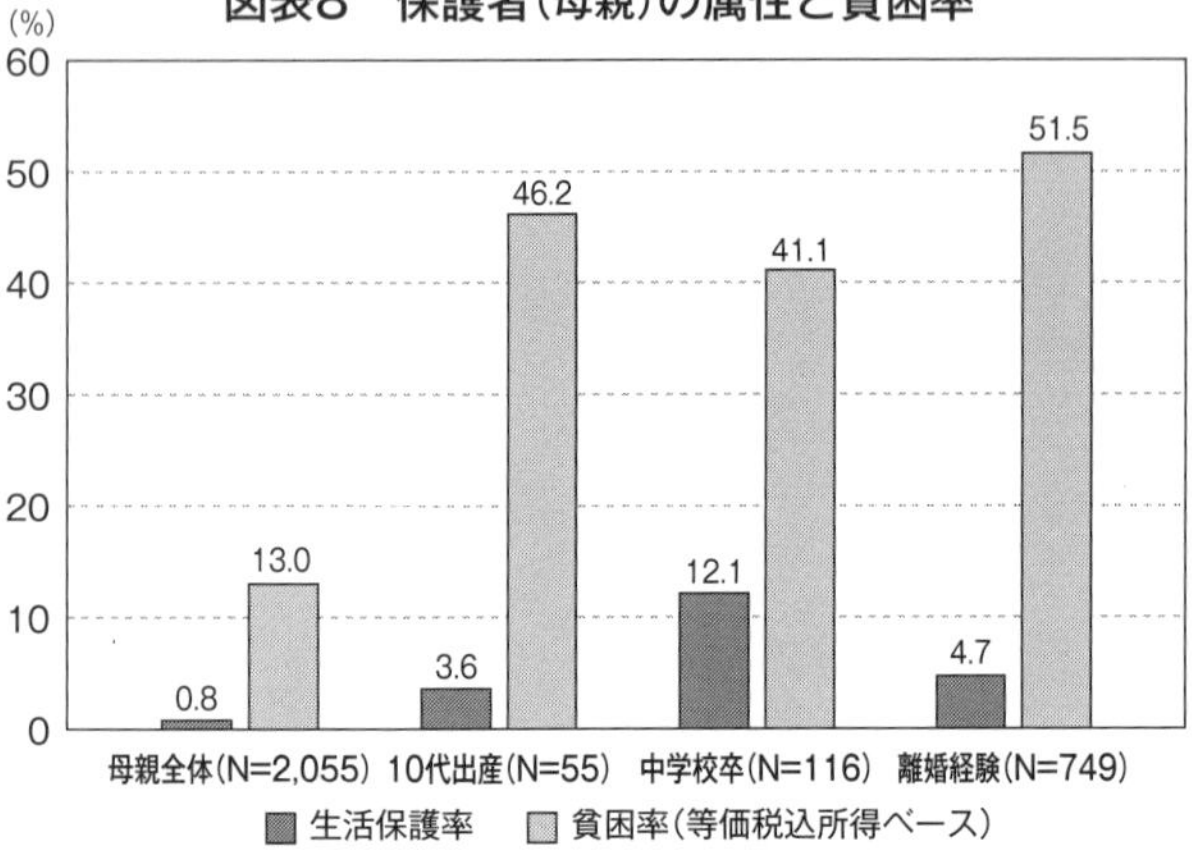


注：カッコのなかの標本サイズは、生活保護率についてのものである。
出所：(独法)労働政策研究・研修機構「子どものいる世帯の生活状況および保護者の就業に関する調査」(2012年)

ではないことはだれの目にも明らかだろう(阿部彩『子どもの貧困』岩波新書)。

ちなみに、図表8の母親を対象にした調査を見れば、何が貧困の要因になっているかわかる。Kの場合も当てはまったが「中卒」「十代での出産」「離婚経験」の三つが及ぼす影響は大きい。親の生活保護受給経験のほかにも、こうした母親の経歴が子どもに影響を与え、二代にわたって生活保護に依存する現実をつくり出してしまっているのだ。

### 絶対　最後のセーフティーネット

最後に見ておきたいのが、移住や出稼ぎで海外へ渡った貧困者たちの、その後についてである。

移住者や出稼ぎ者の全員が全員、希望通りの生活を実現できるとは限らない。夢をもって海外に行ったものの、思い通りにならず、さらに転げ落ちるような人生を歩むこともけっして珍しくはない。

多くの場合、移住者や出稼ぎ労働者のなかに新たなコミュニティーができあがり、困ったときはそこで支え合うことになる。日本において外国人ホームレスがほとんどいないのは、そのことを如実に示している。少数で固まることで助け合っているのだ。

だが、ときにはそういうコミュニティーからも漏れてしまうことがある。そうなれば、外国人である移住者や出稼ぎ労働者は生きていけない。そこで彼らが最後の手段として行うのが物乞いである。路上に座り込み、手を差し出してお金を乞うのだ。

たとえば、サウジアラビアの路上にはイエメン人やパレスチナ人の物乞いの姿があるし、タイの路上にはカンボジア人やミャンマー人の物乞いの姿がある。もちろん、その国の人間が物乞いをやっていることもあるが、外国人が混じっていることもよくあるのだ。

街の人はこうした外国人の物乞いに対して施しをするものなのだろうか。日本人はなかなかイメージが湧かないかもしれないが、かなり多くの人がお金を渡すのである。詳しくは拙著『絶対貧困』（新潮文庫）を参照していただきたいが、イスラームの国で施しをする側の人はその心境を次のように語っていた。

「貧しい人を助けることは、アッラーの意に従うことでもあるので、宗教行為として大切なことだと考えています。なので、かわいそうに思ったり、小銭があれば、なるべく渡すようにしています」

私は物乞いを「宗教に基づいたセーフティーネット」だと考えている。福祉制度のない社会では、宗教がその役割を果たしていた。キリスト教、イスラーム教、仏教でも、貧しい人への施しが宗教的な教えとして組み込まれており、人々は恥ずかしがったり、ためらったりすることなく、路上に座り込む物乞いにお金を差し出す。教会や寺院の前に物乞いが多く集まり、宗教心の篤い人々がお金を置いていくのはその表れだ。宗教の教えが、社会からこぼれ落ちていった人々を根底のところで支えているのである。

興味深いのは、これはこれでバランスが取れているという点だろう。外国からやってきた移民・出稼ぎ労働者たちは、その国の一般の人たちより賃金の安い仕事に従事し、それができなくなればコミュニティーに助けてもらうか、物乞いをすることで生きていく。物乞いが予想外に儲かることもあるが、現地の人たちにとっては「自分たちが恵んでいる」という優越感があるので争いには発展しない。

問題なのは、こうした微妙なバランスで成り立っているところに外部の力が入ってくるときである。一例をあげれば、ネパールにおけるチベット難民の問題だ。

一九六〇年代、中国政府がチベットに対して武力弾圧を行った際、大勢のチベット人が戦火から逃れるため、貧困から脱するために、ヒマラヤを越えて隣国ネパールへと雪崩《なだ》れ込んだ。欧米の文化人たちはこうしたチベット人を保護しようと立ち上がり、住居を提供し、学校をつくって教育の機会を与え、留学などで便宜を図った。

障害のある子どもと物乞いをする母親

だが、これがネパール社会のバランスを壊した。ネパールは貧困国の一つであり、ただでさえ児童労働がはびこり、まともな暮らしができずに苦しんでいる人が多い。それなのに、隣国から不法越境してきたチベット人だけが欧米のNGOなどから手厚い保護を受け、高等教育を受けたり、留学させてもらったりする。年々チベット人とネパール人の格差は広がり、高級住宅地に暮らすのはチベットの旗をはためかせるチベット人家族ばかりになった。

当然、地元のネパール人たちから反感が噴出しはじめた。

「なんでネパール人が見捨てられて、外国人であるチベット人だけが優遇されるのか。おかげでこの国の金持ちは、チベット人ばかりになってしまったじゃないか！」

これはゆゆしき事態だ。日本でたとえれば、日本にやってきた東南アジアの人々が外国から支援を受けて裕福になり、日本経済を牛耳るようになるようなものだ。ネパール人たちが怒りを覚えるのは当然だろう。

この例からわかるように、セーフティーネットはその国のさまざまな事情の上で微妙なバランスを取りながら成り立っているものだ。だからこそ、そこに外部の力が入り込んでくると、いっぺんにバランスが崩れて混乱が起きることがある。

もし他国のセーフティーネットについて考えるのであれば、それを成り立たせている要素についてしっかりと目を向けるべきだろう。そうしなければ、自分たちが良いと思っていることが結果として悪い事態を生み出してしまうことになりかねないのだから。

# 第5章

# 結婚

## 子どもによって救われるか、破滅するか

## 絶対 スラムの早婚

結婚というのは、良かれ悪しかれ人々のそれまでの生活形態を大きく変える。生活費も、食生活も、睡眠時間も、休日の過ごし方も何もかも一変する。それでも人は好きな相手と結ばれ、生活を共にしようとするものだ。本章では、貧しい人々にとっての結婚とは何かということについて考えていきたい。

途上国の結婚で顕著なのは、若年者たちの結婚だ。スラムでは十代での結婚は珍しくない。たとえばウガンダではふつうの住宅街に暮らす者たちの十代の結婚率は五パーセントにすぎないが、スラムではじつに七倍に当たる三四パーセントにまで膨れ上がる（石弘之「地球・環境・人間」『科学』二〇〇六年九月号、岩波書店）。

これはアジアでも同様だ。バングラデシュ統計局のデータによれば、バングラデシュ国内の女性のうち三分の二は十代で結婚をしており、スラムに限れば十八歳以下での結婚は約八割となっている。しかも、十五歳以下でも三九・八パーセントに及ぶというから驚きだ。

いったい、なぜ貧困者たちは早婚なのだろうか。日本のそれとくらべて違いとして目立つのは、次の二点である。

・家族という助け合える環境をつくるため。
・コミュニティー全体の結束を高めるため。

途上国のスラムでの生活を考えるうえで重要なのは、身近な人々と助け合うシステムがあるかどうかということだ。

スラムにはさまざまな危険や困難が待ち受けているため、一人で生き抜いていくことが難しい。仕事中に物を盗られてしまうこともあれば、夜道で襲われることもあるだろう。病気になれば収入がゼロになってしまって食べることすらままならなくなる。

私自身、ナイロビの独身者の物乞いと話したとき、「スラムに暮らしながら荷物運びの仕事をしていたんだけど、腰を悪くしてしばらく立てなくなったんだ。親元から離れていて独り身だったから、だれにも助けてもらえず、そのまま仕事と住まいを失って物乞いをする羽目になった」と聞いたことがある。

このような貧困者たちにとって結婚は、不安定な生活を支える柱となりうる。結婚によってパートナーを得ておけば、万が一事故や病気で働けなくなったときでも、パートナーの収入で転落を最低限に留めることができるだろう。つまり、結婚はもっとも信頼できるセーフティーネットなのだ。

加えて、結婚はコミュニティーの人間関係の構築に不可欠なものだ。スラムにおけるコミュニティーは、家族どうしが結びついて結束力をもつというのが通常のあり方だ。お互いの子どもの面倒を見合ったり、食器や食材を分け合ったり、川で並んで洗濯をしながらしゃべったりすることで家族同然の結びつきを得るのである。

たとえば、インドのムンバイのスラムで暮らす一家であれば、母親が朝食や夕食をつくるのは、つねにコミュニティーの女たちといっしょだった。毎日夕方になればほかの家族と折半して食材を買いに出かけ、共有の巨大な鍋で野菜を炒めたりご飯を炊いたりし、全家族の子どもたちを一カ所にまとめて食事をさせる。日ごろからこのようにほかの家族と一つになって暮らしていれば、自然と他人事とは考えられなくなり、何かあれば親身になって助け合おうとするだろう。

しかし、もし貧困者が独身だったらどうか。独身の男性であれば、スラムに暮らしていてもほかの家族の母親と仲良くなったり、いっしょにご飯に混ぜてもらったりすることはないはずだ。そうなればコミュニティー内での人間関係が希薄になったり、そこから外れてしまったりする。何かあっても、手を差し伸べてくれる人もいない。

ここからわかるように、貧困者にとって結婚は生きていくために必要不可欠であり、ある一定の年齢になった時点でしなければならないものなのだ。そうしてみると、一般の人より、スラムの貧困者のほうが結婚が早くなるのは自然なことだといえるだろう。

## 相対 貧困から抜け出す手段か、生活レベルの低下か

日本の低所得者は、結婚に対して途上国の貧困者とはまったく違う見方をしている。

日本に暮らすかぎり、人々は法律によって最低限度の生活を保障されている。そのため、途上国のように結婚をセーフティーネットと捉える意識がなく、むしろ逆に「結婚をしたら生活レベルが落ちてしまう」と否定的に考える傾向にある。

たとえばアルバイトで生計を立てているワーキングプアは、次のようなことを語っていた。

「いまの年収は二〇〇万円ちょっと。一人で生きていくぶんには何とかやっていけるけど、結婚とかは無理。妻と共働きの生活ならまだしも、子どもとかできちゃったら育てることができないでしょ。だから結婚もそうだけど、恋愛とかもあまり考えてないです」

生活保護の受給者ならば、子どもができればそのぶん扶助の額が増えるが、ワーキングプ

アだとそうはいかない。現実問題としてアルバイトで得られる給料で妻子を養うことは非常に難しいため、低所得者たちは結婚そのものを諦めざるを得ない。

こうした現実は、統計にも表れている。図表9のように年収によって既婚率が大きく異なるのだ。二十代の年収が二〇〇万円未満の人たちの既婚率はわずか一二パーセントにすぎないのに対し、六〇〇～七〇〇万円未満では六五パーセントにまで上がる。低所得者にとって結婚は生活を脅かしかねないものとして受け止められているのだろう。

ならば、日本の低所得者にとって結婚は避けるべきことなのか。条件によっては、必ずしもそうではない。

途上国では貧困者がお金持ちと結婚する機会を得ることは無きに等しい。「分裂型都市」では階層によって住む世界が異なり、貧困者は貧困者とだけ出会うので、階層の違う人たちと結婚に至るケースがほとんどないのだ。

水商売や売春などではあるのではないかという方もいるかもしれないが、そうした仕事にも階層があり、スラムで育ったホステスや売春婦たちは教養がないために、高学歴の人たちが客としてついて意気投合するということが稀《まれ》なのである。

日本ではそうではない。日本人は低所得者といっても中学ぐらいまでは出ているので、あ

図表9　2012年 年収・年代別既婚率

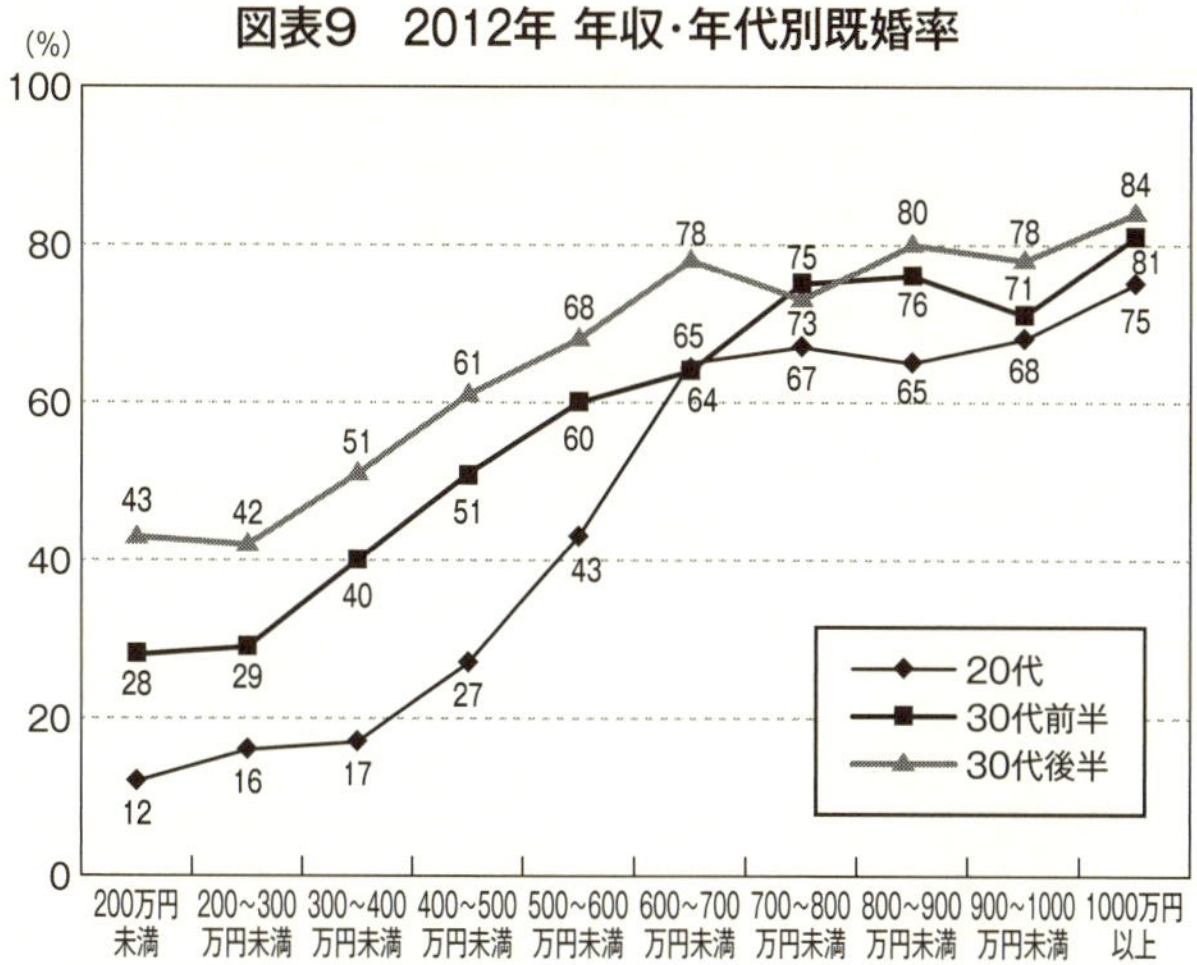


出所：㈱インテリジェンス「ＤＯＤＡ」

る程度の教養はあるし、高校中退の女性のアルバイト先の上司が一流大学卒の社員だということはけっして珍しいことではない。実際に、日本の職場に目を向けてみれば、年収一〇〇〇万円の正社員と二〇〇万円台のアルバイトや契約社員がいっしょに仕事をしているケースは珍しくないだろう。

こうした環境では高所得者に当たる正社員と低所得者に当たるアルバイトが仲良くなり、結婚に至ることがある。そうなれば、これまで低所得者だった人が一気に高所得者の仲間入りを果たすことになる。

実際に、私の知り合いにそういう女性がいた。彼女は高校卒業後にアルバイトを転々として、余剰のない生活をしていた。収入は手取りで一三、四万円程度。アパート代と食費を払えば、あとは遊ぶこともままならないような生活だった。

だが、二十代の半ばにアルバイト先で一流金融機関の男性と知り合い、半年後に妊娠が発覚して結婚。これで生活が一変した。彼女はお金に困らない暮らしをし、免許も取って車に乗り、三十歳を過ぎたいまは二児の母として、都内の高級マンションに住んでいる。

途上国ではこうした話は映画のなかだけの夢物語だ。だが、日本では起きても不思議ではない。もちろん、女性にしても高所得であることだけが目的で付き合ったわけではないかもしれないし、結婚を貧困から脱却する手立てだと考えるかどうかは人によって違う。だが、現実としてそういうことがありうるというのが、日本における結婚の特徴といえるだろう。

## 絶対 路上生活者にとっての家族

次に途上国の路上生活者たちの結婚について考えてみたい。

路上生活者たちが地方から家族を伴ってやってきて住んでいることは、すでに第2章で述べた。彼らにとってはスラムでの生活と路上生活に大きな落差はなく、日本のような「恥」の概念も小さいため、家族を連れて路上で寝起きするということが頻繁に見受けられるのだ。

こうした家族のなかで暮らす子どもたちも、やがて結婚をすることになる。多くは十代の前半から半ばまでの若い年齢で、同じ路上生活者と結ばれる。ただ、路上の夫婦の大半は役所に婚姻届を出していない。不法越境者であって初めから法の外で生きている人たちであったり、まだ法律的に結婚が許されない年齢だったりするというのがその理由である。

彼らが正式に届出をするのは、妊娠してからだろう。病院で産もうとすると、病院のほうから届出をするようにと指示されるのだ。国によっては届出がないとお産の費用を請求されるため、彼らもやむを得ず届出をすることになる。国が把握している貧困者の結婚についてのデータは、実際に結婚をした年齢というより、出産をした年齢になることが少なくない。

話をいったん結婚にもどそう。路上生活をする若者たちが結婚に至る過程はさまざまだが、バングラデシュの路上生活者たちと暮らした際に感じたのは、親は子どもが十歳そこそこになると、結婚を勧めていたということだ。一般的に娘が十二、三歳になれば、父親は友人の息子のなかから少し年上の男性を探しだしてきて花嫁候補として紹介する。娘は断ることなく、当たり前のこととして受け入れるのがふつうだ。

また、児童婚ともいうべきものがある。父親がまだ小学生ぐらいの娘に将来の許婚《いいなずけ》を決めてしまい、いっしょに遊ばせたり、仕事をさせたりして、十三、四歳になった時点で独立させるのだ。子どもたちもとくに嫌がるふうでもなく、そうしたことを受け入れる。

親がここまで子どもの結婚に熱心なのは、ギャングに誘拐されたり、不良に襲われたりする危険があるからだ。路上生活をしているなかでそうした犯罪に巻き込まれる可能性は、スラムで暮らしている人たちのそれとは比較にならないぐらい高い。当然、親からすれば少しでも子どもに安全を保障してやりたいと考えるだろう。

その手段の一つが、結婚なのだ。家庭をもたせてしまえば狙われにくいし、許嫁を決めておけば男性のほうも小さなときから娘をしっかりと守ろうとする。そして年ごろになってすぐに結婚して子どもを産めば、ますます犯罪に巻き込まれることは減るだろう。

先進国の人のなかには、児童婚を一概に悪習として批判する人がいるが、おそらくこういう事情を知らないこともあるかもしれない。最良の選択かどうかは別にしても、路上に暮らす親からすれば、子を守りたいがために児童婚をさせようとするのはやむを得ないことだ。

私はもし批判をするならば、彼らの身の安全を保障してからにするべきだと思っている。

## 相対　家族のいないホームレス

日本のホームレスの場合は、路上で出会って結婚に至るということは稀有《けう》である。一番の

図表10　ホームレスの年齢・男女別内訳

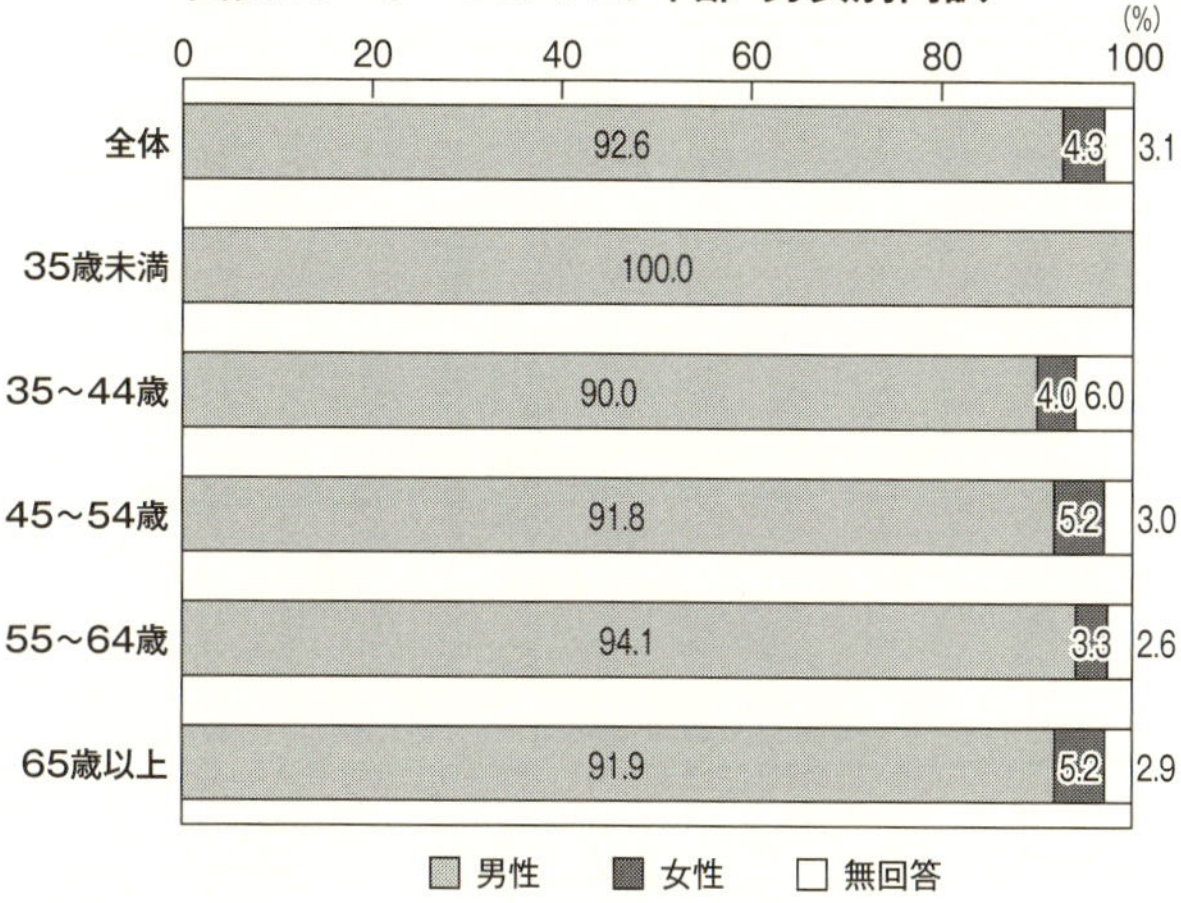


出所：厚生労働省「ホームレスの実態に関する全国調査（生活実態調査）」

理由はホームレスにおける男女比だろう。途上国では路上生活者に占める男女比はほとんど変わらないが、日本のホームレスには圧倒的な差がある。公式な統計を見れば図表10のようになる。つまり、二五人に一人しか女性がいないのだ。

　実際に、街を歩いていて女性のホームレスを見かけることは、かなり少ないのではないか。新宿のホームレスが約一六〇人だから、女性は七、八人ぐらいしかいない計算になる。しかも、女性の場合は身の安全を守るために、男性ホームレスのように駅前の人混みのなかで横たわったりすることが少なく、日中は公園のベンチにいたり、住宅街に身を潜めていたりするので、見かける機会は割合以

**図表11　ホームレスの年齢分布**

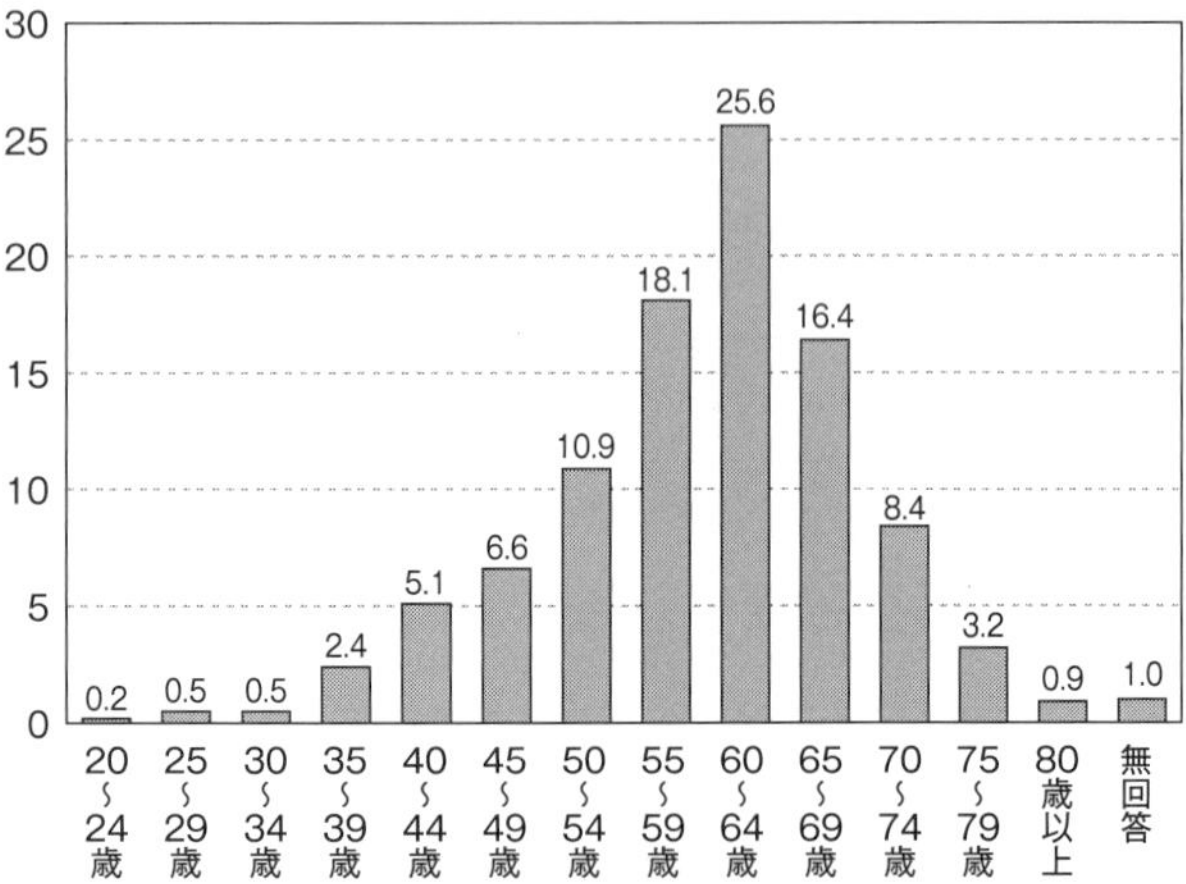


出所：厚生労働省「ホームレスの実態に関する全国調査（生活実態調査）」

上に減るはずだ。

どうして女性ホームレスが少ないのか。それは女性のほうが生活保護など福祉制度に引っかかったり、お金がなくても男性に助けてもらったりすることがあるためだ。

具体的に考えてみよう。もし女性に子どもがいれば、「子どもを守る」という見地から独身男性よりはるかに生活保護の申請が通りやすくなる。そしていったん受ければ子どもが大きくなるまでつづくし、その後も別の保護にスムーズに切り替えやすい。

また、精神的な問題を抱えている女性も男性と同じぐらいいるが、女性の場合は男性のように暴れて手に負えなくなるということが少ない。家庭や外で精神を乱して騒ぎを起こ

## 図表12　生涯未婚率の年次推移

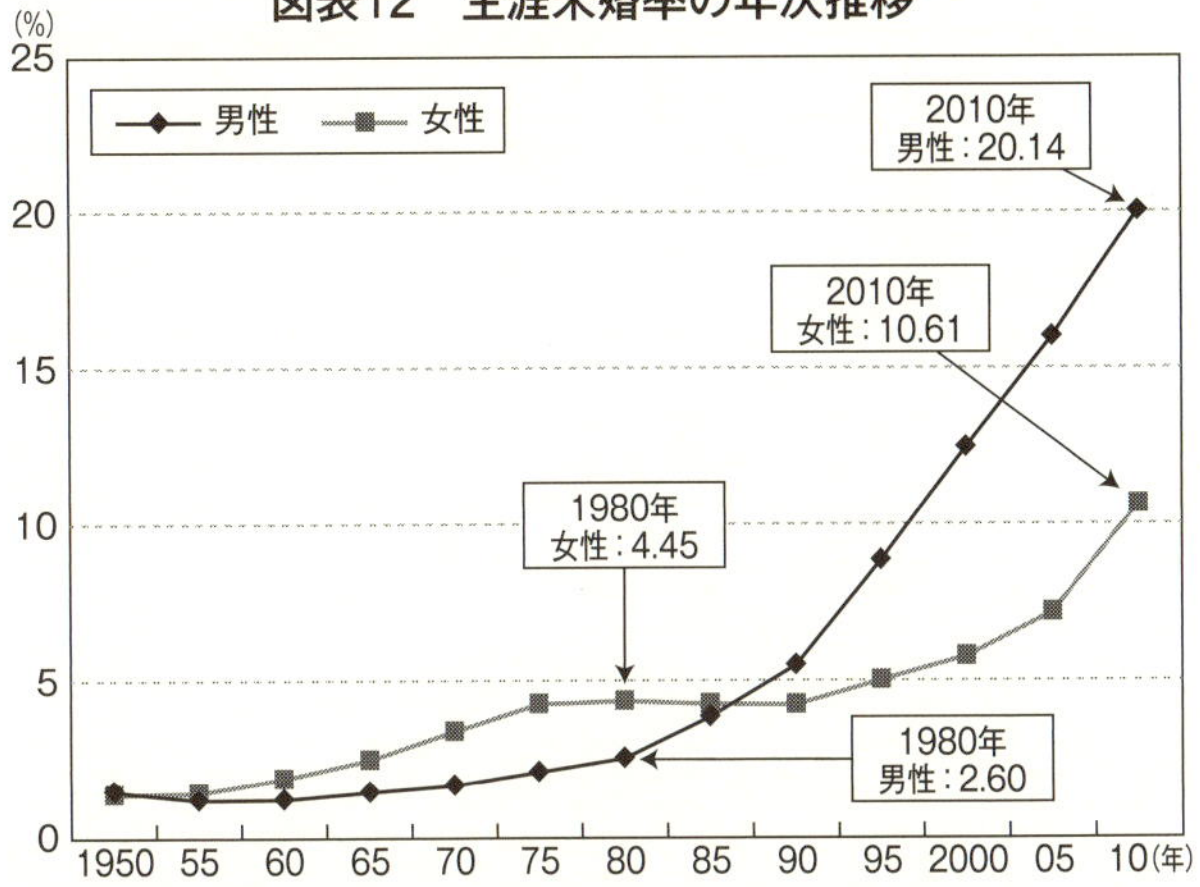


出所：国立社会保障・人口問題研究所「人口統計資料集（2012年版）」
注：生涯未婚率は、45～49歳と50～54歳未婚率の平均値であり、50歳時の未婚率

したとしても、周囲の者たちによって力で捻じ伏せられてしまう。そのため、結婚してそのまま家庭に収まったり、家族に面倒を見てもらったりすることが多くなり、結果としてホームレスになりにくいのだ。

加えて、もう一つホームレスどうしの結婚が稀になる要因としてあげられるのが、ホームレスの年齢である。図表11は年代別に割合を示したものであるが、五十代以上が全体の約八四パーセントを占めていることがわかるだろう。高齢者のホームレスどうしが路上で出会ったところで恋愛に発展し、いっしょに住んで子どもを産もうとはまずならない。

男女比の極端な偏《かたよ》り、ホームレスの高齢化。この二つの要因を見ただけで、ホームレ

スどうしの結婚がほぼありえないことがわかるだろう。

ならば、彼らは路上生活を始める前は結婚をしていたのだろうか。じつは必ずしもそうとはいいきれないのである。

図表12を見ていただきたい。現在、日本人の生涯未婚率は、男性が二〇・一四パーセントで、女性が一〇・六一パーセントである。それを考えると、ホームレスの未婚率が六〇パーセントというのはあまりに大きな数字であることは明らかだ。

このような数字の背景には、ホームレスたちがもともと低収入の仕事をしていたことに加えて、知的・精神的な問題を抱えていたりすることもあるだろう。異性とふつうのコミュニケーションをとることができなければ、結婚の機会は否応なしに減ってしまう。

私が知っている例を一つ示したい。

《Tの遍歴》
六十代の男性Tは、数年前からホームレスをしている。NPOのスタッフが聞いたところによれば、Tは若いころから職を転々として、長くても二年ぐらいしかもたなかったそうだ。原因はトラブルを起こしてしまうことにあった。

Tは些細《ささい》なことでカッと頭に血が上ってしまう性格で、一日に一度は怒鳴り散らすことがある。そのため仕事場で必ずトラブルになり、最終的には解雇されてしまうのだ。

これは人間関係においても同様であり、男友達ばかりでなく、女性に対しても怒ってしまい、すぐに手を上げる。そのため、一人の女性と長く交際した経験はほとんどなく、結婚もしたことがなかった。

Tがホームレスになったのもこの性格が災いしたと思われる。若いうちは体力があるから、多少厄介《やっかい》な性格でも雇ってもらえるが、年を取れば遠ざけられてしまう。そうしているうちに貯金が底を突き、ホームレスに身を落としてしまったのだ。

NPOスタッフは次のように語っていた。

「Tさんはおそらく精神的に何かしらの疾患を抱えているんだと思います。だから人間関係がまったくうまくいかない。こういうホームレスは結構いて、ホームレスになってからも人間関係を自分から壊してしまうんです」

人間関係をうまく築き上げていれば、ホームレスになることは少ない。そういう意味では、ホームレスに未婚者が多かったり、ホームレスどうしの結婚が皆無に等しかったりするのは納得のできることだといえるかもしれない。

## 絶対 性的魅力の文化差

日本人の男性は女性の体のどこに魅力を感じるかというアンケートがあった。結果は、一位が胸、二位が胴体、三位がお尻だったとか。こう記すと、飲み屋でのたわいもない下ネタだが、グローバルな視点で見ると、このアンケート結果が国の貧困状態と結びついているといったら意外だろうか。

十五年ほど前、ミャンマーの商業都市ヤンゴンで靴磨きをしている人と知り合ったことがある。彼は外国人観光客がよく訪れる市場のカフェに出入りし、靴磨きをして稼いでいた。英語が堪能だったので、その彼とあれこれしゃべっていたところ、こんなことを尋ねられた。

「前に日本人から雑誌をもらったんだ。そしたら、女の子のおっぱいばかりを強調する写真がたくさんあった。なんで日本人は胸にばかり興味を抱くんだ？」

たしかに胸が強調されすぎることはあるが、そこまで疑問に思うことなのだろうか。理由を尋ねてみたところ、彼はこうつづけた。

「ミャンマーの男性は女性のお尻が好きなんだよ。ちゃんと安全に子どもを産むことのでき

**図表13　妊産婦死亡率**

| 順位 | 国名 | 出生10万対(人) |
|---|---|---|
| 1 | 南スーダン | 2,054 |
| 2 | チャド | 1,100 |
| 3 | ソマリア | 1,000 |
| 4 | シエラレオネ | 890 |
| 5 | 中央アフリカ共和国 | 890 |
| | ⋮ | |
| 177 | 日本 | 5 |

出所：Central Intelligence Agency
注：南スーダンのみ2006年、ほかは2010年調べ

る女性がモテるんだ。その代わり、胸にはあんまり興味がないかな。胸が大きくたって、出産には役に立たないからね」

私はそれを聞いたとき、貧しい人たちが置かれている現実を垣間見たような気がした。

途上国では、女性が出産時に死亡する率は非常に高い。病院にかかる習慣がないためにお産の直前まで検査をしていなかったり、自宅で産んだり、医療設備の整っていないクリニックで産むことで、難産の際に適切な処置を施すことができなかったりするためである。

具体的に途上国でどれだけ多くの女性が出産時に死亡しているのだろうか。図表13を見ていただきたい。これだけ見ても日本とくらべて何十倍、何百倍という数値になる。

留意していただきたいのが、これはあくまで上流階級も中流階級も合わせた国全体の数値ということだ。スラムや路上に暮らす人だけに限れば、この数字はさらに高いものになる

ことは間違いない。そう考えると、女性が出産に際してどれだけ危険な状況に置かれているかがわかるだろう。

こうした国では、女性が無事に赤ちゃんを産める身体であるということが「魅力」となりうる。彼らにとってその目安の一つがお尻の大きさなのだ。お尻が大きければ、骨盤もしっかりしていて安全に子どもを産みやすいはずだと考えるのだろう。

ところで、なぜ彼らはそこまで子どもにこだわるのか。それは子どもが老後のセーフティーネットとなるからだ。

日本のような国では、年を取ったら年金制度によって生活を支えてもらえる。だが、途上国には年金のような福祉制度が整っていなかったり、移民たちはそもそも給付対象になっていなかったりするため、人々はみずから助けてくれる人間を見つけ出さなければならない。

それで、子どもを欲しがる。子どもをたくさんつくっておけば、それだけあとで自分の面倒を見てもらえる可能性が高まるからだ。そういう意味では、将来の保障のない貧しい家庭であればあるほど、子どもを熱望するのである。

難しいのは、貧困者たちのなかにこうした考え方が過剰なほど強くなった場合だ。貧しい男たちは子どもをたくさんつくることで生活を安定させたいと願うあまり、女性に出産を熱望する。そのため、女性が不妊症だったり、流産をくり返してしまうような体質だったりしたとき、夫婦関係が悪化してしまうことがあるのだ。

私の聞いた例では次のようなことがあった。

《インドの不妊症カップル》

ビハール州の農村に、ある夫婦が暮らしていた。農村では、多くの家族が五人以上子どもをつくっていた。畑仕事を手伝う労働力として、あるいは将来畑を引き継いで家族の世話をする者として子どもは必要だったのだ。

だが、その夫婦のあいだには何年経っても子どもが生まれなかった。ある日、男性が問いつめたところ、その女性は少し前に母親と共にひそかに病院で診てもらったら、子どものできない体であるといわれたことを打ち明けた。

夫はなぜそのことを隠していたのかと責め立て、親族にいいふらした。親族も妻を批判したり、意地悪をしたりするようになり、結果として追い出してしまった。子どもがつくれないのであれば離婚したほうがいいという判断だったのだろう。

その後、夫は別の女性と結婚し、子どもをもうけた。

女性にとっては非常に理不尽な話であるが、子どもの存在が人生を左右しかねないような環境では、こうしたことが起こりうるのだ。

だが、難しいのは不妊の場合は必ずしも女性にだけ責任があるわけではないという点だろう。WHO（世界保健機関）によれば、不妊の原因が女性にある場合は四一パーセント、男性にある場合は二四パーセント、男女ともにある場合は二四パーセント（その他、原因不明が一一パーセント）に上っている。こうしたことを考えると、不妊が不当に女性のせいにされていることも少なからずあるのは確かだろう。

## 相対 子どもがいては生きていけない社会

日本の低所得者にとって、妊娠のもつ意味は途上国の貧困者とは大きく異なる。

先述したように、彼らにとって結婚そして妊娠はギリギリのところで成り立っていた生活を大きく変え、ときには破綻に追いつめるものでもある。では、日本において子どもを育てると、金銭的にどれぐらいかかるものなのだろう。

教育費だけ見てもその額は相当である。文部科学省によれば、大学卒業までにかかる平均

## 図表14　大学卒業までにかかる費用

（単位：円）

| 区分 | 学習費等（※１）総額 | | | | | 合計 |
|---|---|---|---|---|---|---|
| | 幼稚園 | 小学校 | 中学校 | 高等学校 | 大学（※２） | |
| ケース１ 高校まで公立、大学のみ国立 | 669,925 | 1,845,467 | 1,443,927 | 1,545,853 | 4,366,400（平均） | 9,871,572 |
| | | | | | 2,876,000（自宅） | 8,381,172 |
| | | | | | 5,332,000（下宿・アパート） | 10,837,172 |
| ケース２ すべて公立 | 669,925 | 1,845,467 | 1,443,927 | 1,545,853 | 3,920,000（平均） | 9,425,172 |
| | | | | | 2,680,400（自宅） | 8,185,572 |
| | | | | | 4,870,000（下宿・アパート） | 10,375,172 |
| ケース３ 幼稚園及び大学は私立、他は公立 | 1,625,592 | 1,845,467 | 1,443,927 | 1,545,853 | 6,239,600（平均） | 12,700,439 |
| | | | | | 5,175,200（自宅） | 11,636,039 |
| | | | | | 7,905,600（下宿・アパート） | 14,366,439 |
| ケース４ 小学校及び中学校は公立、他は私立 | 1,625,592 | 1,845,467 | 1,443,927 | 2,929,077 | 6,239,600（平均） | 14,083,663 |
| | | | | | 5,175,200（自宅） | 13,019,263 |
| | | | | | 7,905,600（下宿・アパート） | 15,749,663 |
| ケース５ 小学校だけ公立 | 1,625,592 | 1,845,467 | 3,709,312 | 2,929,077 | 6,239,600（平均） | 16,349,048 |
| | | | | | 5,175,200（自宅） | 15,284,648 |
| | | | | | 7,905,600（下宿・アパート） | 18,015,048 |
| ケース６ すべて私立 | 1,625,592 | 8,362,451 | 3,709,312 | 2,929,077 | 6,239,600（平均） | 22,866,032 |
| | | | | | 5,175,200（自宅） | 21,801,632 |
| | | | | | 7,905,600（下宿・アパート） | 24,532,032 |

幼稚園〜高等学校の教育費は文部科学省「平成20年度子どもの学習費調査結果」に基づいて作成。大学の教育費については（独法）日本学生支援機構「平成20年度 学生生活調査報告」に基づいて作成

出所：文部科学省「平成21年度 文部科学白書」

注１：「学習費等」には授業料などの学校教育費や学校給食費、学校外活動費が含まれる

　２：家庭から学生への給付額を使用

図表15　子どもの成長段階と家計の貯蓄率（子ども１人世帯）

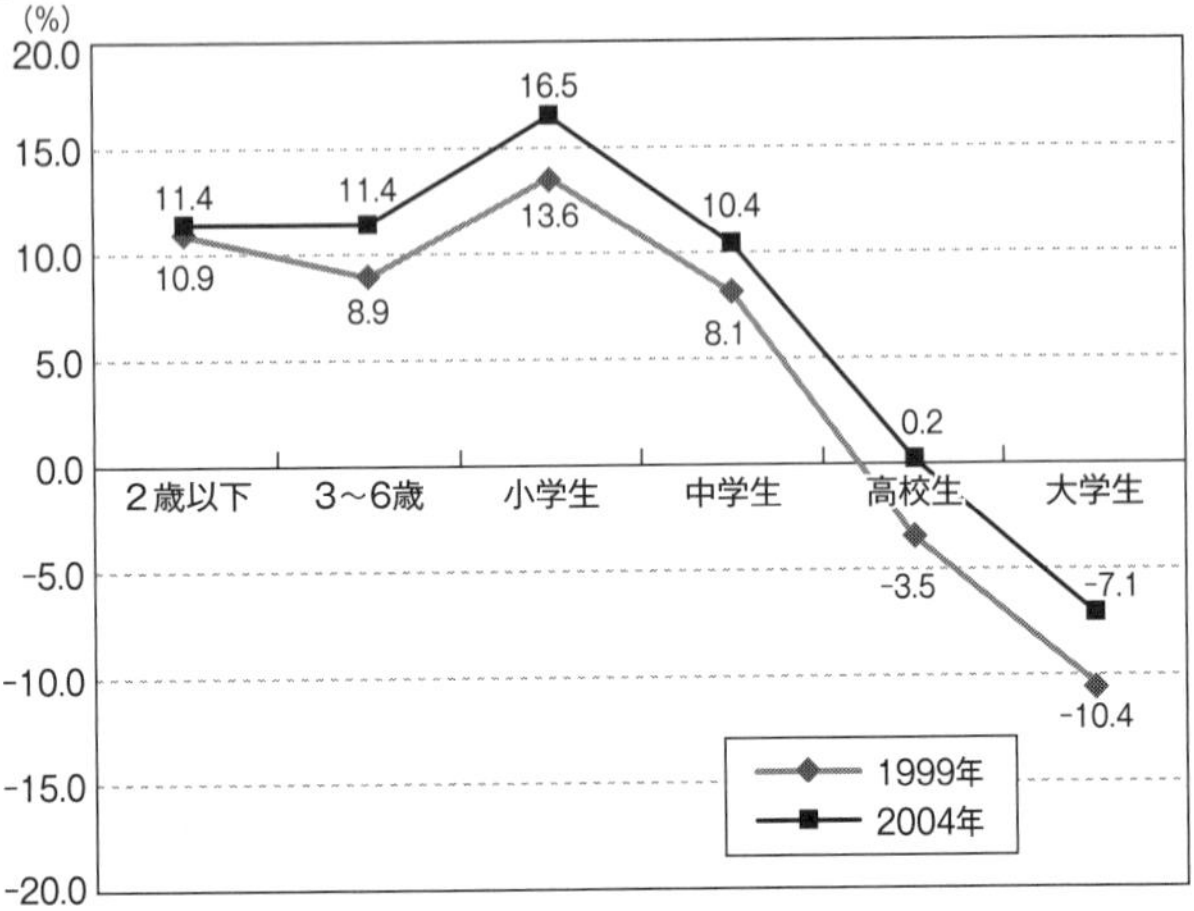


出所：総務省「全国消費実態調査」

額はすべて国公立の場合で約一〇〇〇万円、すべて私立の場合で約二三〇〇万円になるといわれている。具体的に見れば図表14のようになり、ほとんどの場合は一〇〇〇万円をはるかに上回る額になるのがわかる。相対貧困に当たる低所得者はもちろん、年収四〇〇万円前後の家庭であっても子ども一人分の額を捻出するのは容易なことではない。

それを示すのが、「子どもの成長段階と家計の貯蓄率」だ。図表15を見ていただきたい。子どもが小さいうちは貯蓄率はプラスだが、子どもが高校へ進学したあたりからマイナスへと転じていき、最終的にはマイナス一〇パーセントぐらいにまでなる。

注意してほしいのが、これは日本全国の平

均値であることだ。この図表では貯蓄率は子どもが二歳以下の場合で平均プラス一〇パーセントぐらいになっているものの、低所得者はもともとこれがゼロに近く、さらに給料が上がることがほとんど見込まれない。子どもをもった時点で貯蓄率がマイナス、つまり生活が成り立たなくなるということになりかねないのだ。

こうした状況は、妊娠に当たって何を引き起こすのか。途上国のそれとくらべて明らかなのは、人工中絶の増加である。現在、日本では年間に約二〇万件の中絶が行われており、経験者は全女性のうち一四・七パーセントを占めている。つまり七人に一人は何かしらの理由で中絶を経験しているのである。問題は、この「理由」である。

一位　相手と結婚していないので産めない（三〇・二パーセント）
二位　経済的な余裕がない（一九・五パーセント）
三位　相手との将来を描けない（九・四パーセント）

純粋にこれだけを見た場合、人工中絶のうち五回に一回は経済的な理由ということになる。ただし、一位と三位が経済的な理由でそうなっているケースも多々あると思われるため、それを含めれば経済的な理由での中絶はさらに増えるはずだ。

とはいえ、私自身は中絶に何が何でも反対というわけではない。日本には途上国のように子どもに労働させてでも生きていこうという発想はないし、社会的にそうしたことが許される環境にもない。そのため、途上国の貧困者が子どもを産んでいるからといって、日本の低所得者が中絶をすることが間違っているといいきることはできない。

事実、厚生労働省の発表では生活保護受給者の約一割がシングルマザーであり、生活保護を受けていない母子家庭の約八割が相対貧困レベルでの暮らしを余儀なくされているということだ。逆にいえば、もし子どもがいなければ、そのような状態には陥らなかっただろう。

最終的に中絶をするかどうかは、本人が自分の置かれた環境で決めるべきことだ。だからこそ、私は親が経済的な理由で中絶を決断するのであれば、それはそれで構わないと考えている。

とはいえ、途上国の貧困者を数多く見てきた経験から一個人の思いだけ書かせていただければ、「赤ちゃんを殺さなければ生きていけない社会とは何なのか」という気持ちはある。この疑問に対する答えが出ることはないだろうが、一人ひとりが考えつづけながら社会づくりをしていくべきだろう。

# 第6章

# 犯罪

## 生きるための必要悪か、
## 刑務所で人間らしく暮らすか

## 絶対 逮捕された人は「不運な人」

国の経済が悪くなればなるほど、治安が悪くなる傾向にあるのは事実だ。絶対にそうなるわけではないが、生きていくためになりふり構わない行動に出る者が増えたり、国が治安を維持するための警察機能などに税金を投入することができなくなったりするため、犯罪の増加につながることが多々あるのだ。

図表16は、世界銀行が示したGDPにおける闇経済が占める割合である。上位一〇カ国の大半が貧しい国々であることがわかるだろう。そういう意味では貧困と犯罪は比例するものだといえる。

途上国における犯罪を日本とくらべた場合に顕著なのは、犯罪の概念が曖昧《あいまい》だということだ。もちろん途上国でも殺人や窃盗や強姦は犯罪として定められており、そうしたことを行えば逮捕に至る。だが、違法行為のなかにはそうならないものも多い。

たとえば、これまで見てきた児童労働や児童婚が象徴的だろう。もしあれらを日本でやれば企業や親はすぐに捕まってしまう。だが、途上国であれば「生きるための必要悪」とされて警察にさえ見逃される傾向にある。

同じようなことをあげていけばきりがない。海賊版DVDの販売、浮浪越境者の労働、スラムの不法占拠や盗電、児童買春、密造酒の売買……。いずれも法律的には違法ではあるが、途上国では必要悪として見逃されており、町なかで半ば公然と行われていることだ。いわば、犯罪においてグレーとされているものが少なくないのだ。

社会にグレーな犯罪が増えれば、おのずといくつもの問題が起こる。ここで述べたいのは次の二つだ。

1　逮捕の基準が曖昧になる。
2　犯罪者が増加する。

1から見ていこう。

グレーな犯罪といっても法律的にはクロの犯罪と同じである。社会にグレーな犯罪が多発するということは、警察にしてみればそこらじゅうで犯罪が起きているわけで、職権をつかって逮捕しようと思えばいつでもでき

図表16　闇経済の対GDP比率(2007年)

| 順位 | 国名 | GDP比率(%) |
|---|---|---|
| 1 | グルジア | 72.5 |
| 2 | ボリビア | 70.7 |
| 3 | アゼルバイジャン | 69.6 |
| 4 | ペルー | 66.3 |
| 5 | タンザニア | 63.0 |
| 6 | ウクライナ | 58.1 |
| 7 | タイ | 57.2 |
| 8 | ジンバブエ | 56.1 |
| 9 | ウルグアイ | 56.0 |
| 10 | グアテマラ | 55.0 |

資料：GLOBAL NOTE　出所：世界銀行

る。つまり、犯罪者を見逃すか捕まえるかは、警察の意向一つに委ねられているのだ。

こうした状況は警察の汚職を生み出す。カンボジアの首都プノンペンを歩いていれば、海賊版DVDを売っている者をそこかしこで見ることができる。もし警察が店主の元へ行って、「違法行為だから捕まえるぞ。刑務所へ行きたくなければ賄賂《わいろ》を払え」といえば、店主は渋々払わざるをえないだろう。

あるいは町の人たちは、そこらへんに気軽にゴミを投げ捨てる。ゴミを捨てても廃品回収をしている人たちが拾って生活費にするので普段は見逃されているのだ。だが、もし警察が「不法投棄で逮捕する。嫌なら賄賂を払え」と脅せば、その人はやはり渋々払うだろう。

かつてカンボジアのプノンペンで知り合った男性は、次のように話していた。

「この国では、警察のほうがマフィアよりずっと悪いんだ。あいつらは給料が少ないから、そのぶん稼ごうと思って、法律を犯さなければならない貧しい人間を見つけてはちょくちょく小銭をせびってくる。夜になって売春婦たちが立っている通りに行けばわかるよ。奴らはバイクでやってきて売春婦一人ずつから賄賂を取って帰っていく。マフィアよりがっぽりと取るんだからひどいもんだ。結局、警察に呼び止められたときに逮捕されるかどうかは賄賂を払えるかどうかにかかっているから、貧しい人ほど刑務所へ入れられることになる。逮捕

### 図表17　公務員の収賄に遭遇した経験（年間被害率〈%〉）

| 国 | 1995年 | 1999年 | 2003~2004年 |
|---|---|---|---|
| ドイツ | — | — | 0.6 |
| アメリカ | 0.3 | 0.2 | 0.5 |
| ベルギー | — | 0.3 | 0.5 |
| オーストラリア | — | 0.3 | — |
| アイルランド | — | — | 0.3 |
| スペイン | — | — | 0.3 |
| 日本 | — | 0.0 | 0.2 |
| オランダ | 0.5 | 0.4 | 0.2 |
| スウェーデン | 0.2 | 0.1 | 0.1 |
| イングランド及びウェールズ | 0.3 | 0.1 | 0.0 |

| 主要都市 | 2003~2004年 |
|---|---|
| ロンドン（イングランド） | 0.7 |
| ベルリン（ドイツ） | 0.5 |
| ストックホルム（スウェーデン） | 0.5 |
| マドリード（スペイン） | 0.4 |
| ニューヨーク（アメリカ） | 0.4 |
| **発展途上国の都市** | **2003~2004年** |
| マプト（モザンビーク） | 30.5 |
| プノンペン（カンボジア） | 29.0 |
| ヨハネスブルク（南アフリカ） | 15.5 |
| リマ（ペルー） | 13.7 |
| ブエノスアイレス（アルゼンチン） | 5.8 |

出所：法務省「国際犯罪被害実態調査」（2004／2005年）

された人は不運としかいいようがないね」

警察が庶民から賄賂という名で小銭をむしり取っている現実は、ほかの途上国にも少なからず見られる事象だ。図表17は公務員が賄賂を受け取っているところに遭遇した経験の有無を調べたものである。日本など先進国の多くは一パーセント未満であるが、プノンペンは二九パーセントと異常に高い数値になっており、ほかの途上国も同様に高い値を示しているのがわかるだろう。警察の腐敗は途上国の多くで深刻な問題となっているのだ。

次に2に目を移してみたい。

すでに述べたような社会にあっては、貧しい人たちは簡単にグレーの軽犯罪に手を染めるようになる。社会全体に「捕まった人は不運」という空気が蔓延《まんえん》しているので、やっているほうも罪悪感に乏しい。

グレーの軽犯罪が蔓延して警察が腐敗している社会では、人々はより悪質な犯罪にエスカレートしやすい。軽い気持ちでやっていたのが、いつのまにか真っ黒の犯罪に手を染めるようになるということがあるのだ。例を紹介しよう。

《人身売買》

最初、その男はプノンペンの路上で靴磨きをしていた。ある日、路上で知り合った仲間から、海賊版DVDの販売の仕事をやらないかともちかけられた。元締めのところへ行って何十枚か預かり、路上に立って道行く人に売りつけるのだ。そのうちの二割が自分の収入になった。

彼は半年ほど海賊版DVDを売っていた。DVDの多くがポルノだったため、通りがかる人のなかには売春宿の紹介を頼んでくる者もいた。DVDは不要なのだが、ここらへんで良質な売春宿はないか、と。

彼は知っている売春宿へ客を連れて行くことで、小遣いをもらうようになった。客一人につきいくらかを紹介料としてもらえたのだ。その額はけっして悪くなかったため、海賊版ＤＶＤ売りの仕事と並行してやるようになった。

二年ほど売春宿に客を紹介しつづけると、今度はそこのボスと仲良くなった。ボスは彼が路上で暮らしていたのを知っていたため、こんな頼みごとをした。

「もしうちの店で働きたいという女の子がいれば教えてほしい」

彼は路上の女友達にその話をしてみたところ、すぐに何人か見つかった。連れて行ったところ、紹介料として今度は多額のお金をもらった。彼は海賊版ＤＶＤを売るのがバカバカしくなり、人身売買のブローカーになった。


---

これはカンボジアを取材するジャーナリストから聞いた話だが、さもありなん、と思った。

例を見るかぎり、海賊版ＤＶＤを売るところまで、あるいは売春宿に客を紹介するところまでは途上国でもグレーとされていて、通常は見逃される軽犯罪だろう。ところが、それらの仕事までですれば人身売買を手掛けるハードルは非常に低くなる。警察に捕まったところで、それまでの仕事と同じように賄賂を払えば見逃してもらえる。しかし、人身売買までいくとたとえカンボジアであっても完全なクロとしての凶悪犯罪だ。

このように社会にグレーの軽犯罪が広がるということは、そこから発展してクロの凶悪犯罪も増えるということなのだ。だが、グレーを必要悪として認めてしまっている以上、グレーとクロとのあいだにきちんとした線引きを行って対処することがしづらくなる。このあたりに途上国における犯罪の取り締まりの難しさがある。

## 相対　シロとクロに分かれた社会

対して、日本における犯罪はどうだろうか。

日本で起きている犯罪も、多くの場合、貧困と無縁ではないと考えられる。受刑者の平均年収は出ていないが、二〇一二年度に法務省が発表した統計によれば、新規受刑者二万四七八〇人のうち半数近い一万二九〇人は中卒までの学歴となっている。彼らの年収が低いことは容易に想像がつくし、直接的でなくても犯罪の遠因に貧困問題が横たわっていると考えていいだろう。

途上国とくらべて日本の特徴は、グレーとされている軽犯罪が少ないことだ。軽犯罪が必要悪として許されるには、社会的に「貧しい人が生きていくためにせざるを得ない」という認識があることが大前提となる。命にはかえられないから、とりあえずは見逃してもらえるということなのだ。

だが、日本では建前上、すべての国民は法律によって生きていくことを保障されていることになっている。あるいは法律から漏れたとしても、炊き出しは行われているし、仕事も選ばなければある。つまり、先の大前提が崩れてしまうため、社会の風潮としてグレーの軽犯罪が許容されることはない。

こうした社会では、法律のラインが明確に定められる。すべての行為において、「これは合法」「これは犯罪」というふうにシロかクロかに分けられ、罪を犯せば警察に捕まり、裁判にかけられたあとに刑務所へ送られるということになる。

たとえばカンボジアでは、貧しい人たちが不法占拠によってスラムを形成して電信柱から盗電をして暮らしている。だが、日本でワーキングプアの人たちがそんなことをすれば、あっというまに警察に御用になってしまう。必要最低限の住居を保障される代わりに、勝手に住居をつくって電気を使用することが許されないのだ。これがシロとクロとがはっきりと分かれた社会のあり方だ。

とはいえ、読者のなかには、日本にだってグレーの軽犯罪はあるじゃないかと思う人もいるかもしれない。然り。犯罪のかたちは違うが、日本にもグレーと呼べるものがいくつかある。麻雀店での賭け麻雀、不法滞在のホステスを働かせているパブ、違法ポルノ画像の所持……。

途上国におけるグレーの軽犯罪と異なるのは、日本ではグレーが地下に隠れて見えなくなっていることである。途上国では児童労働でも、海賊版ＤＶＤ販売でも、スラムにおける盗電でも、みんなの目にも見えるかたちで堂々と行われている。だから、だれがグレーなことをしているのか、そしてだれがクロにまで手を染めたのかがわかっているのだ。

一方、日本のグレーは、そういうことが行われていることは知っているが、壁一枚隔てて見えないところで行われるのが常だ。麻雀店での賭け麻雀もドアが閉まった密室で行われているし、不法労働者が働くパブも雑居ビルの奥で経営されている。野外で、人目にもふれるようなところで行われることはほとんどない。

そのため、日本ではだれがグレーのことをしているのか、そしてだれがクロにまで手を染めたのかが見えにくい。クロに手を染めて、警察に捕まって報道されることで、初めて表の社会に出てくるということが少なくないのだ。

次の例を見ていただきたい。

《日本人の人身売買》

Nという男がいた。Nは若いころからパーティー券を売って稼いだり、出会い系サイトのサクラのバイトをしたりして暮らしていた。ただ、これらの仕事は収入が不安定で将来への心配もあった。

三十歳くらいになったとき、Nはフィリピン・パブの雇われ店長になった。収入を安定させたかったのである。店には不法滞在のホステスたちがたくさん働いており、Nは彼女たちを管理するなかで少しずつこの業界の内情を覚えていった。

ある日、Nはオーナーとの会食の際、暴力団員を紹介された。Nは暴力団員と飲み友達になり、やがて一つの話をもちかけられる。パブで働いているより、フィリピンへ行って女性を日本へ連れてくる仕事をしないか、と。暴力団員はフィリピン人ホステスの事情に通じていて、語学もできる彼に目をつけたのだ。

Nは考えた。もしその仕事をすれば、大掛かりな組織犯罪なので逮捕される可能性が出てくるが、収入は三倍になる。数日間、悩んだ末に話に乗ることにした。

三年後、Nは逮捕されることになった。警察に目をつけられ、暴力団組織もろとも御用となったのだ。執行猶予はつかず、懲役刑となった。

出会い系サイトのサクラの仕事や、フィリピン・パブの仕事は人目から隠れたグレーなものといえるだろう。世のなかのほとんどの人はNがそうした仕事をしていることを知らないし、おそらく家族や友人も聞いていなかったのではないか。彼らはNを真面目な仕事をしている人だと思っていたはずだ。

だが、クロの人身売買に手を染めて逮捕された瞬間に、Nの本性が世に知られるところとなる。家族や友人や親族は初めて、彼がこれまでグレーな仕事に手を染め、犯罪をして逮捕されたという経緯を知るのだ。

こうしてみると、日本におけるグレーな犯罪のあり方が途上国のそれと異なることがわかるだろう。途上国ではだれが何をしているかが筒抜けになっており、それゆえこの人間には関わっても大丈夫、この人間には近づいてはいけないということが周知の事実になっている。だから重大犯罪が起きても、人々は犯罪者の背景も動機もわかったうえで、起こるべくして起こったとして納得できる。

他方、日本ではグレーの時点から社会の陰に潜ってしまうため、その人がどこまで違法なことをやっているのかわからない。ニュースで事件が報じられる際、犯罪者の周辺にいた人たちがインタビューを受けて「ふつうの人に見えたけどね」とか「犯罪をするような人じゃなかった」と異口同音に語るのは、そうしたことが背景にあるからではないか。一般の人々にとっては、突発的に降りかかってきた犯罪のように受け取れるのだ。

ちなみに、私はよく「海外で危険を察知するにはどうしているんですか」と尋ねられることがある。これに対する解答は明白だ。すでに述べたように途上国では周囲の人々がみな、だれが何をしているどういう人物なのかということを知っているため、彼らに尋ねたり、彼らの一人をガイドとして雇ったりすればおのずと危険な人物とそうでない人物との区別はつくのだ。それゆえ、日本のようにしばらく付き合ってみて暴力団員だったと知るということがほとんどないのである。

## 絶対　劣悪な環境に絶望する受刑者

警察によって犯罪者が逮捕されれば、裁判にかけられたあとに刑務所へ送られる。どの国でも基本的にこれは同じだ。

異なるのは、刑務所の環境と存在意義である。日本のように刑務所に対してまとまった予算をつけることができれば、受刑者の最低限の人権を守りながら運営することができる。さまざまなプログラムを導入し、社会復帰や更生を後押しすることも可能になるだろう。

だが、途上国の多くがそういう状態にない。財政難で刑務所に対してお金をかけられないうえに、公平な裁判を行うことさえ難しく、犯罪の増加によって受刑者が収容しきれないほどに膨れ上がってしまう。こうなると刑務所は受刑者にとって人間の尊厳を踏みにじる懲罰のための場になる。

悪名高いジンバブエの刑務所を例にとろう。南アフリカのメディアが報じたところによれば、受刑者には十分な食事が与えられておらず、一部では餓死する人まで出ているほどだという。月間インフレが八〇〇億パーセントにまで達し、経済が破綻した同国では刑務所をきちんと運営することができなくなったのだ。

刑務所内の環境も劣悪で、受刑者たちはそこらへんで用を足し、コレラをはじめとした感染症が蔓延しているため、命を落とす人も少なくない。刑務官からの暴行も日常的だ。刑務官は受刑者を抑える教育も受けていなければ、人員も設備もないので、手っ取り早く暴力によって抑圧しようとするのだ。こうなれば、刑務所というより、もはや強制収容所である。

南米でも刑務所の劣悪な環境は長年問題となっている。日本語新聞『ニッケイ新聞』によれば、ブラジルのある刑務所では定員四〇名のところに一七〇名の受刑者を無理やり収容したことから、暴動が起きたこともあるという。寝るスペースもなくなり、食べ物も配給されなくなれば、受刑者にとってもそうせざるを得なかったのだろう。また、別の刑務所では定員八七名のところに一七三名が収容されたことから、受刑者どうしの争いに発展して火災が起き、二五名が逃げ切れずに焼死するという事故があったそうだ。

ジンバブエにせよ、ブラジルにせよ、極端な例ではあるが、途上国のなかには多かれ少なかれ似たようなことが起きている国もある。そうした国では刑務所は「恐ろしい空間」という認識になる。エチオピアで知り合った男性は次のように語っていた。

「エチオピアの警察は腐敗していて、事件が起きてもろくに捜査せずに、そこらへんにいる怪しそうな人間を捕まえて留置場に放り込んでしまう。もちろん、犠牲になるのは助けてくれる者がいない貧しい人間だ。俺の知り合いもそうだった。スラムで殺人事件があったんだけど、いきなり犯人だと疑われて引っ張っていかれたんだ。腐った食事しか出てこないようなところに閉じ込められ、何年も裁判さえ行われなかった。裁判所もいっぱいで機能していないんだよ。その間、知り合いは警察などから虐待を受けたり、同じく捕まった連中からいじめられたりすることになる。彼はそれが苦痛だったんだろう、将来に絶望して自殺してしまったんだ。エチオピアじゃ、拘置所や刑務所内での自殺はよくあることなんだ」

途上国では、ただでさえ裁判所や弁護士の数が足りないうえに、犯罪が多発しているため、裁判が遅滞して小さな犯罪でも刑が確定するまで五年、十年とかかることが少なくない。大きな犯罪であれば十五年、二十年ということもありうる。

これは南米でも同じで、『ニッケイ新聞』によれば、ブラジルでは全収容者約五〇万人のうち、四〇パーセントが裁判すら始まっていない状態だという。これでは「自殺したほうがマシ」と思うような人が出てきても不思議ではない。

## 相対 刑務所が犯罪を増加させる

日本の刑務所事情はどうなっているのか。細かく見れば、収容人数が定員過多になっているなどの問題はあるが、途上国にくらべれば健全な運営がなされているといって間違いないはずだ。

図表18、19は刑務所の一日の生活スケジュールと献立である。さらに正月などの行事には特別の献立が用意されているし、慰問コンサートが開かれたりもする。女子刑務所では、職業訓練としてネイルアートや美容の勉強をすることもできる。むろん、健康を害すればすぐに医師に診てもらえ、状態が悪ければ入院や手術も受けられる。

## 図表18　受刑者の生活スケジュール

| 平日 | | 免業日 | |
|---|---|---|---|
| 起床 | 6：45 | 起床 | 7：20 |
| 清掃・整頓<br>洗面・点検 | 6：45〜7：05 | 清掃・整頓<br>洗面・点検 | 7：20〜7：40 |
| 朝食 | 7：05〜7：35 | 朝食 | 7：40〜8：00 |
| 出室 | 7：35〜8：00 | | |
| 作業開始 | 8：00<br>(7：45) | | |
| 休憩 | 9：50〜10：00 | | |
| 昼食 | 12：00〜12：20<br>(11：20〜11：40) | 昼食 | 12：00〜12：30<br>(11：20〜12：00) |
| 運動 | 12：20〜13：00<br>(11：40〜12：20) | | |
| 休憩 | 14：30〜14：40 | | |
| 作業終了 | 16：40<br>(16：25) | | |
| 入室 | 16：40〜16：55 | | |
| 点検 | 16：55〜17：00 | 点検 | 16：30〜16：40 |
| 夕食 | 17：00〜17：30 | 夕食 | 16：40〜17：10 |
| 居室清掃 | 17：30〜17：40 | 居室清掃 | 17：10〜17：20 |
| 仮就寝 | 18：00 | 仮就寝 | 18：00 |
| 就寝 | 21：00 | 就寝 | 21：00 |

注1：カッコ内の時限は、居室内で作業を行う者の動作時限
　2：運動時間は、就業場所ごとに順次変更される
※「府中刑務所所内生活の手引き」被収容者動作時限表を参考に作成
出所：日本弁護士連合会 刑事拘禁制度改革実現本部『刑務所のいま』(ぎょうせい)

## 図表19　刑務所の献立例

| パターン | 朝 | 昼 | 夜 |
|---|---|---|---|
| 1 | ご飯<br>味噌汁<br>梅干<br>お茶<br>ゆで卵 | ご飯<br>ゴーヤーチャンプルー<br>豆昆布<br>蒸しパン<br>漬物 | タコライス<br>フレンチポテト<br>りんご<br>クリームスープ |
| 2 | ご飯<br>味噌汁<br>梅干<br>お茶<br>牛乳<br>漬物 | ご飯<br>ミネストローネ<br>ハムサラダ<br>チーズ<br>牛乳<br>ジャム | うなぎ丼<br>チンゲン菜油揚<br>らっきょう<br>味噌汁 |
| 3 | ご飯<br>味噌汁<br>たくあん漬<br>梅干<br>お茶 | ご飯<br>揚げ魚タルタルソース<br>マカロニサラダ<br>漬物 | ご飯<br>エビチリソース<br>チーズオムレツ<br>酢の物<br>みかん2個 |

出所：池田雅哉ほか「矯正施設被収容者の栄養・健康調査」

おそらくこれを読んだ方のなかには、「自分のいまの生活よりいいじゃないか」と思った方もいるのではないか。実際に、手取り一〇万円以下で生活していたり、年を取ったあとに生活保護を受けながら独居生活を送っていたり、ホームレスとして暮らしたりしている人にとっては、刑務所のほうが人間らしい生活を営むことができるという現実がある。一般社会と刑務所の優劣が逆転してしまうのだ。

こうした状況は途上国にはない事態を生み出す。次の新聞記事がそれを象徴している。

---

《所持金13円…「刑務所の方が楽」と自首》

「働くより刑務所に入っていた方が楽だから」。包丁をもって交番を訪れ、そのまま警官に手渡した男を、愛知県警熱田署は8日、銃刀法違反容疑の現行犯で逮捕した。男は住所不定、無職長谷川雪夫容疑者(41)。

同署によると、長谷川容疑者は6月から建設関係の仕事をしていたが、8月中旬以降、無断欠勤。逮捕時の所持金は13円で、調べに対し「公園で寝泊まりしていた。三食付きの刑務所に入りたかった」と供述している。

逮捕容疑は8日午前7時25分ごろ、名古屋市熱田区神宮3丁目の交番に来た際、刃渡り

――約17センチの包丁1本を所持していた疑い。
（『スポニチ』二〇一〇年九月号）

一般社会でホームレスとして生きていく生活はあまりにつらい。刑務所に入ったほうがよほど人間らしい暮らしを営むことができる。日本では、そのように考えて故意に犯罪に手を染めて刑務所に入ろうとする人は少数だが存在する。

途上国の受刑者からすればとうてい信じがたいことだろう。だが、日本の刑務所での生活環境があまりに整いすぎているため、それ以下の貧しい生活を余儀なくされている人々にとっては「刑務所のほうがいい」という気持ちを引き起こさせてしまうのだ。

こうした人々のなかには、知的・精神障害を抱えている人々も少なくない。『累犯障害者』（山本譲司、新潮文庫）によれば、障害があるゆえに社会で満足な暮らしをすることができず、刑務所入りたさに軽犯罪をくり返す人たちがいるという。

法務省の発表だと、二〇一一年度の新規受刑者は二万五四九九人だが、このうち知能指数が六九を下回る者（知的障害と認定されるレベル）は五五三二人に及ぶ。さらにテストを受けることさえできない者が九三六人。つまり、新しい受刑者の四人に一人が知的障害者なのである。むろん、こうした受刑者全員がそうだというつもりはないが、なかには先述したよう

**図表20　高齢者の検挙人員の罪名別構成比（%）**

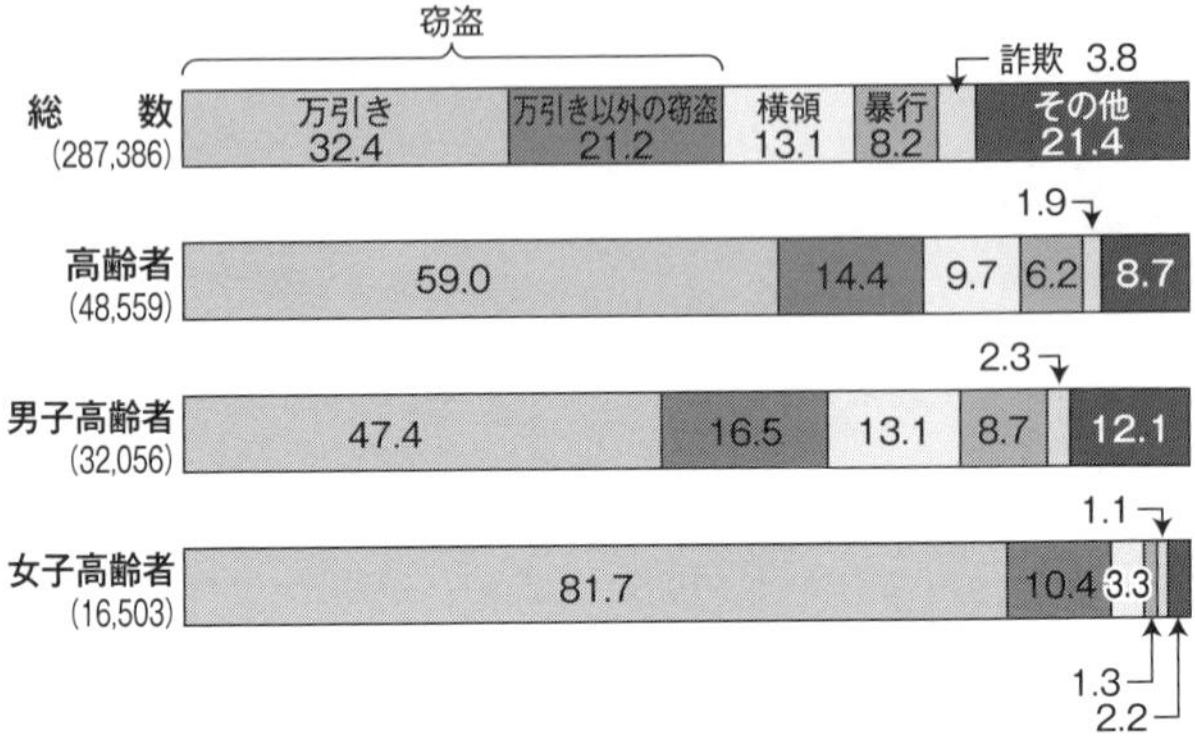


注：1　警察庁の統計及び警察庁交通局の資料による。
2　犯行時の年齢による。
3　「横領」は、遺失物等横領を含む。
4　カッコ内は、実人員である。
出所：法務省「平成24年版 犯罪白書」

に「刑務所のほうがいい」と考えて、意図して罪を犯す人がいるのは事実だ。

## 高齢化する犯罪者たち

また、最近では高齢者の問題も大きくなっている。二〇一三年に検挙された人のうち二三・八パーセント（六万八二九九人）が六十歳以上、一六・九パーセント（四万八五五九人）が六十五歳以上の高齢者となっている。二十年前とくらべると五倍の数字だ。

こうした高齢者が犯す罪の多くは軽犯罪だ。図表20を見てほしい。全体の七三・四パーセントが窃盗であり、女子だけに関していえば九二・一パーセントにもなる。高齢者が生活が立ち行かなくなり窃盗に走ったり、捕まって刑務所で安心して暮らしたいという思いでわざと物を盗んだりするケースがあることを示している。次の新聞記事から、高齢者の声を聞いていただきたい。

---

《最高齢受刑者89歳、福祉施設と化す「刑務所」の現状》

高齢者工場で働く男性受刑者(70)は一昨年、膀胱癌《ぼうこうがん》の手術を受けた。健康への不安は常につきまとう。「この年で刑務所にいる現実は、本当に情けない」と嘆く。

民家に忍び込み、現金10万円を盗んだ。懲役3年6月。侵入盗の前科があり、服役は今回が6回目だ。

工事現場で働いていた約20年前、ポンプ車から転落した。両膝の靭帯《じんたい》を痛め、これまでのようには動けなくなったのに、申請が遅れて労災が認められなかったのだという。

「ここで人生を捨ててしまった」。生活費に困り、盗みに走った。

出所のたびに「今度こそまじめに働く」と心に誓うが、家族も頼るべき知人もいない。職探しに行き詰まり、やがて刑務所に舞い戻る。その繰り返し。

「次に出所してもまともな仕事はまずないと思う」

生活苦、癌の再発、再犯…。不安だらけだ、という。「また刑務所に入れば、生きて出られないかもしれない」と自嘲《じちょう》気味に話した。

ただ、「情けない」と思う刑務所暮らしに、なじんでしまっているのも事実だ。定時に起床し、工場で作業し、眠る。「ここには自由こそないが、安心感がある」と、何ともいえない複雑な表情を見せた。

（『産経ニュース』二〇一四年一月十日）

日本において精神・知的障害者、あるいは高齢者が一人で厳しい社会を生き抜こうとしたときに、いかなる現実に直面しているのか。そのことを考えれば、彼らの行為をたやすく批判することはできないかもしれない。

ただ、私は途上国の人はこうした日本の状況をどう感じるだろうかと思ったことがあった。そこでネパールの元政治家に話をしたところ、次のようにいわれた。

「貧しい国で、知的障害者や高齢者が刑務所の生活のほうがマシと思って犯罪をすることなんて考えられません。刑務所は一般社会とくらべて、けっして生きるのに楽な場所ではありませんからね。それに、スラムや路上で暮らしている人たちは、知的障害があったり、高齢であったりすれば、家族などだれかしらが助けてくれます。一応ネパールにも老人福祉施設はありますけど、先進国とくらべて数が少ないのは、周りの人が生活を支えるからなんです。私には、なぜ豊かな日本で知的障害者や高齢者がそんなに孤立してしまうのか理解できません」

なぜこうしたことが起きてしまうのか。それは私たちが「国が何とかしてくれる」「制度があるから大丈夫」と言い訳をして、周りにいる弱者たちを切り捨てているからだろう。その点をしっかりと直視しなければ、こうした現状はますます大きくなっていくだけだ。

## 絶対 途上国の貧困ビジネス

ここまで貧困者が犯罪を行う場合について述べてきたが、次はその貧困者を利用して行われる貧困ビジネスについて考えていきたい。

貧困ビジネスとは、犯罪組織（犯罪者）が貧しい人を利用することで金儲けをすることである。簡単にいえば、貧困者を食い物にして儲けるということだ。

途上国における貧困ビジネスには、どのようなものがあるのだろうか。まず、よくあるものを列挙してみたい。

・臓器売買

・売血
・代理母出産
・人身売買
・奴隷
・運び屋

日本ではあまり聞き慣れない犯罪かもしれない。日本人にはなじみのないものを少々説明したい。

「臓器売買」は、文字通り腎臓をはじめとした人間の臓器を売買するということだ。たとえば慢性腎不全などにより死を待たなければならなくなったとき、他人から腎臓を移植することで健康を取り戻すことができる場合がある。日本でも親族からの提供は認められているが、諸事情でそれが叶わない場合は、第三者から得るしかない。しかし、移植には多大な苦痛と時間がかかるため、第三者がやすやすと腎臓を提供してくれることはほとんどない。そこで金銭を通じて臓器を買うのだ。

このビジネスを成り立たせるのは、臓器売買ブローカーである。臓器希望者から「金を払うから腎臓提供者を探してほしい」という依頼を受けたうえで、スラムなどの貧しい人たちのところへ行って金で移植に応じてくれる人を探す。移植に応じてくれれば数十万円をお礼として払うともちかけるのだ。貧困者が承諾してくれれば、病院へ連れて行き、希望者と型が合うかどうかを調べたうえで移植手術を行う。病人から支払われた謝礼の一部は貧困者に渡して大半をブローカーが懐《ふところ》に収める。

「代理母出産」も似たようなものである。女性のなかには子どもを産めない体であっても、自分の子どもを欲しいと願う者がいる。そのためブローカーは母体を貸してもいいという女性を見つけ、夫婦の受精卵をその女性に植えつけたり、夫の精子を人工授精させたりすることで、子どもを産んでもらうのだ。そして、生まれた赤ちゃんはすぐに依頼をした夫婦に引き渡される。

もちろん、こうした依頼に応じる女性は一様に貧しい人たちばかりだ。彼女たちは母体として自分の体を貸し出すことで、まとまったお金をブローカーからもらっているのである。もっとも臓器売買と同じように、依頼主が支払ったお金の多くは、ブローカーが手にしているのだが……。

「奴隷」については、奴隷貿易のころの話のように聞こえ、現代に奴隷なんているのかと思う人も少なくないだろう。が、ウォークフリー・ファウンデーションの調査によれば、全世界に約三〇〇〇万人の「奴隷」がいるとされているという。人数としてもっとも多いのがインドで、約一三九五万人。二位が中国で約二九五万人、三位がパキスタンで約二一〇万人だそうだ。

「運び屋」は、麻薬や武器の密輸を貧困者にさせるものだ。たとえば南米からアメリカなどへ麻薬を運ぼうとすれば、税関の検査が厳しいので通常であれば捕まってしまう。そのため、貧しい人たちを呼び集め、ヘロイン入りの袋を飲ませて渡航させ、アメリカに着いたときに吐き出させて密輸を成功させる。その際、貧困者は一回ごとに数万円ぐらいのお金を手にすることができる仕組みになっている。

ここまで途上国における貧困ビジネスのあり方を見てきた。読者のみなさんは、これらの貧困ビジネスに共通する特徴にお気づきだろうか。それは、どのビジネスも貧困者自身をお金持ちに売ったり、彼らを労働者にさせたりすることで成り立っているという点である。つまり、貧困者自身が商品になっているのだ。

じつは、これが日本における貧困ビジネスとの大きな違いなのである。どういうことか。次に日本における貧困ビジネスについて考えてみたい。

## 相対　日本の貧困ビジネス

日本の貧困ビジネスにはどのようなものがあるのだろうか。途上国のそれと同じように代表的なものを列挙してみたい。

〈A群〉
- 生活保護や年金の搾取
- 生活保護受給者を介した診療・医薬品転売ビジネス

〈B群〉
- 偽装結婚
- 戸籍や名義の売買

〈C群〉
- ゼロゼロ物件
- 闇金融

日本の貧困ビジネスを途上国とくらべて、異なる点は明白だ。先に見たように途上国では貧困者が商品になるが、日本では低所得者自身は商品にはなっていないということだ。低所得者を利用してどこか別のところからお金を引き出したり、低所得者にお金を支払わせたりするのである。

三つに分けて個別に見ていこう。

まずA群だが、これは低所得者を利用して国からお金を巻き上げるビジネスだ。

「生活保護や年金の搾取」はホームレスをかき集めて生活保護を受給させ、住宅と食事を提供する代わりに余ったぶんを利益として奪い取るやり口だ。代表的なのが、暴力団などがプレハブにホームレスたちを雑魚《ざこ》寝同然で住まわせて住宅扶助をむしり取ったり、一日三食栄養価の低い食べ物を出す代わりに生活扶助を着服するものである。

「生活保護受給者を介した診療・医薬品転売ビジネス」は、病院とグルになって医療扶助を取る手口だ。生活保護を受けている人々を息のかかった病院へ通わせて、不要なほどの治療を受けさせて診療報酬を国に支払わせて山分けする。あるいは、無料で処方してもらった医薬品を横流しして儲けたりする。いずれも医療費の無償というシステムを巧みに悪用したものだ。

読者のなかには、なぜわざわざお金を巻き上げられてまで暴力団と暮らすのかという疑問を抱く人も少なくないだろう。だが、知的障害のあるホームレスなどの一部は、自分一人で生活保護の申請をして、安いアパートを探して、食事をつくって生きていくことができないので、ピンハネされてでも、暴力団に代わりにやってもらわなければならないことがあるのだ。

次にB群に目を移そう。これは低所得者たちの「権利」を利用して金を儲けるビジネスだ。未婚であれば、だれしもが結婚する権利をもっている。暴力団は未婚の低所得者を集めて日本のビザを欲しい外国人ホステスと結婚させる代わりに、外国人ホステスから相応のお金を取る。相場は一五〇万円ぐらいらしく、低所得者に支払われるのはそのうちの二〇万から五〇万円程度、残りは暴力団員の取り分となる。戸籍や名義もこれと同様で、低所得者たちの戸籍や名義を売り買いする。

社会から外れた低所得者にはこうした権利が無用になっていることがある。暴力団はそこに目をつけて、低所得者にとっては一時的にまとまったお金となる何十万円かの金額を提示して買い取る。だが多くの場合、悪質な犯罪に利用されることが多いため、あとで低所得者が逮捕されることが少なくない。

最後のC群は、前者の二つとは少々異なる。A群、B群は制度を悪用して国からお金をだまし取ったり、第三者に多額のお金を支払わせる手口だった。だが、C群は低所得者自身にお金を出させるビジネスである。

「ゼロゼロ物件」は、敷金礼金ゼロをうたう不動産商法だ。貯金のない低所得者は安いと思って飛びつくが、入居したあとに「鍵交換費」だとか「生存確認費」だとか「退去費用」だとかという名目で敷金礼金に当たる費用、あるいはそれ以上の金額が請求される。払えればいいが、そうでなければ強制的に追い出される。低所得者の弱みに付け込んだ詐欺だといえるだろう。

「闇金融」も同じく低所得者を狙った詐欺だ。金融機関からお金を借りるには、担保や収入がなければ難しい。そこで条件なしにお金を貸す代わりに、法律で決められた以上の利息をつけて短期間で返済することを強要する。もし支払いができなければ、麻薬の密輸や売春など犯罪を強いたりすることもある。

制度を悪用して国からお金を取るA群とB群、低所得者本人に過剰な支払いを強要するC群。日本の貧困ビジネスのこれらの特徴は、途上国の貧困ビジネスにはほとんど見られないものであるといえる。

なぜこうした違いが起こるのか。一番の理由は日本の低所得者が制度によって保護されているからだ。制度には予算がついている。だからこそ、その制度をうまくつかって国からお金をむしり取ろうとしたり、彼らがもっている余剰金を奪い取ろうとしたりするのだ。

もちろん、犯罪組織とて途上国のように低所得者自身を労働力にしてお金を巻き上げることができるなら、そうしているかもしれない。だが、日本では低所得者の多くが高齢であるうえに、グレーゾーンが小さいので、低所得者自身に稼がせるというのは現実的に難しい。貧困ビジネスがいま見てきたようなかたちをとるのは、そのためなのである。

## 絶対 頼りになる犯罪組織

最後に、犯罪組織のあり方について考えてみたい。

途上国の犯罪組織として思い浮かぶのが、現地のギャングやマフィアのような組織である。これらの犯罪組織は麻薬の密輸をはじめとしたさまざまな犯罪に手を染め、多額のお金を稼いでいる。貧困者からすれば、学歴も何もないなかで成り上がるにはもっとも手っ取り早く思える手段であり、スラムの子どもたちなどが組織に加わることも少なくない。

もう一つ、途上国の犯罪組織として忘れてはならないのが、反政府勢力や武装勢力である。これらの勢力は政府に反対する人々からの募金で運営費を賄《まかな》っているほか、勢力によってはみずから麻薬の取引を行ったり、小さな村で略奪を行ったりすることで資金を確保している。たとえばコロンビアの反政府勢力は、麻薬カルテル並みの量の麻薬を生産して海外へ売ることで軍資金をつくっていた。

だが、ほんとうに貧しい国では、こうした犯罪組織が社会にとって一〇〇パーセント有害な存在かといえば、そうもいえないのが難しいところだ。場合によっては、貧困社会を支えているのが彼らだったりする。

たとえば、現地のギャングやマフィアは、スラムでは必要悪とされているケースがある。コロンビアの首都ボゴタの郊外にあるスラムの一区域は、地元のギャングが支配している。稼ぎの多くは麻薬によって得ており、ほかのギャングとの抗争などによって大勢の死傷者が出ている。

だが、実際に殺し合いをしているのは麻薬取引に関わっているギャングたちだけだ。一般の人々が殺されることは、基本的にはない。むしろギャングは自分たちの縄張りをつくって統制しようとしているので、余所《よそ》の攻撃から守ってくれることがある。警察がやってきて立ち退きをさせようとすれば警察を追い出してくれるし、別のギャングがショバ代（場所代）

を取り立てに来れば攻撃してくれる。庇護《ひご》下にきちんと入って反抗しなければ、そこまで有害な存在ではないという判断から「必要悪」とされるのだ。

また、こうしたギャングは金融機関のような役割も担っている。貧困者が突然大きな事故や病気に直面して多額のお金が必要となったとき、ふつうの銀行は力になってくれないが、ギャングが地元の人に何の担保もなく貸してくれることがある。利息も日本の闇金ほど悪質なものではない。

私がボゴタのスラムで貧しい女性から聞いた話では、彼女の夫が病気になって手術費が必要になったとき、唯一金を貸してくれたのがギャングだったという。返済に当たって多少の利息は必要だったが、割のいい仕事も紹介してくれたという。

手術を受けて回復した夫は次のように話していた。

「国の警察は汚職ばっかりで何もしてくれない。俺たち貧しい立場の人間を守ってくれるのはギャングたちだけだ。もちろん、彼らだって褒められたことをやっちゃいないよ。だけど政府よりは力になってくれる。スラムの子どもたちがギャングスターに憧れて、組織に入ろうとするのは仕方のないことなんだ」

貧困者の支持を裏付けるように、貧しい地域ではギャングのボスが自治会のトップに就いていたり、政治家をしていたりすることがある。コロンビアのメデジン・カルテルの伝説的首領パブロ・エスコバルは、麻薬王になってから貧困者に住居を提供したり、娯楽施設をつくったりした末に国会議員にまでなっている。貧困者にしてみれば英雄のような存在だったのだ。

これは武装勢力についても似たようなことがいえる。日本のニュースではイスラーム原理主義とかテロ組織として語られがちな中東レバノンの武装勢力、「ヒズボラ」などが典型だろう。ヒズボラは、レバノン内戦の際にイスラエルが軍事攻撃をしてきたことがきっかけで生まれた。反イスラエル、反欧米主義を掲げ、イスラーム国家の樹立を目的としている武装組織だ。

イスラエルやアメリカは、ヒズボラをテロ組織として認定している。だが、レバノン国内では、ヒズボラは民衆の反イスラエル精神を代表するかのようにテロ攻撃を行う一方で、貧困者のために無償の学校をつくったり、病院や診療所を建てたりしている。日本の公安調査庁ですら、ヒズボラの福祉活動を次のように認めている。

「1982年以降、医療施設や学校の運営、社会インフラの整備等、包括的な福祉及び教育活動も独自に展開してきた。こうした動きは、シーア派住民のみならず、宗派を越えて選挙

で支持を得る一因となっている」（公安調査庁ホームページより）

おおよそどの国でも武装勢力というのは、腐敗した政府を打倒したり、不当な国際関係を正したりすることで、より良い社会を築く目的をもって設立されることが多い。

だからこそ、テロを起こしたり、違法なルートで資金を集めたりする一方で、国に見捨てられた貧しい人たちの救済活動をしているのだ。何もしない政府にくらべれば、住民たちにとって貴重な存在であり、それが武装勢力の支持につながっているのである。

むろん、だからといって犯罪組織や武装勢力が存在するべきだとは思わない。彼らが貧困者に対して及ぼしている悪影響は、良い影響よりはるかに大きい。難しいのは、そうした矛盾する力のなかで貧困者の生活が成り立ってしまっていることである。

## 相対　社会の成熟が「必要悪」をなくす

これに対して、日本の犯罪組織は社会的にどのような立場に置かれているのか。

もともと日本においても、犯罪組織は良い面と悪い面をあわせもつものだった。たとえば、戦後まもないころのテキヤの存在がそうだろう。

テキヤは親分の下に子分がついて盃《さかずき》を交わす関係になっており、祭りや興行の際に露店を運営することを稼業にしていた。血気盛んな者が多く、余所の組織が勝手に入ってきたり、興行を混乱に陥らせようとしたりする者が出てくれれば、力ずくで排除することもあった。

太平洋戦争が終結したあと、新宿や上野や池袋などに闇市ができた。食糧難の時代に、販売を禁止されていた商品を市場の何倍もの値で取引する青空市場である。無法地帯であったことから、在日朝鮮人たちが一大勢力を築いて露店を支配しようとしたり、酔っ払った進駐軍人が女性を襲ったりするようなことが起きた。

当時の警察は拳銃を所持することができないばかりか、解放国民である在日朝鮮人や、戦勝国の進駐軍人を取り締まる権限をもっていなかった。そのため、警察はテキヤに組合をつくらせて闇市の治安維持を任せた。テキヤが露店からショバ代などを取り立てるのを見逃す代わりに、在日朝鮮人や進駐軍人を力で押さえ込む役割を担わせたのだ。いわば、警察に必要悪として認められたことで闇市の巨大な利権を握ったのである。

テキヤは露店商や女性たちを守り、貧しい浮浪児や傷痍《しょうい》軍人たちの面倒を見た。飢えている人がいればご飯を食べさせ、職を探している人がいれば露店の仕事を紹介してあげた。パンパンと呼ばれた売春婦たちの相談にも乗った。そうするなかで、貧しい人たちの尊敬を集めていったのである。

私は上野の元浮浪児に話を聞いたことがあるが、一人は次のようにいっていた。

「駅前で私のような子どもがお腹を空かせて困ってますでしょ。そうすると、テキヤの人がやってきて『チビ、食堂へ行くぞ』っていってご飯を食べさせてくれるんです。二十歳ぐらいの若い衆だったでしょうね。嬉しくてね、『お兄さん』なんて呼んでましたよ。テキヤの若い衆が新聞売りの仕事を教えてくれたこともありました。どこへ行って新聞を手に入れて、どうやって売ればいいかって。もちろん、善意でやってくれたんです。彼らも貧しい家で育って、私のような子どもに同情していたのかもしれません。ああいう人たちがいなければ、命を落としていた子どもはたくさんいたと思いますよ」

だが、戦争から数年が経って経済が少しずつ立ち直りだすと、警察が権力を取りもどしてテキヤを違法行為をする組織として追い出しにかかった。これまでとは手のひらを返したように、闇市の露店を合法マーケットに吸収し、テキヤの権力と利益を奪い取っていったのだ。

最終的には、テキヤは犯罪者と見なされて表の世界から放逐され、暴力団として裏社会だけで生きることを余儀なくされた。現在、俗にテキヤ系とされている暴力団の一部はその生き残りだ。

ここからわかるのは、社会の状況によって犯罪組織が「必要悪」と見なされるか、「完全悪」と見なされるかが分かれるということだ。

国が治安を守る力をもっていなかったり、貧しい人たちの生活を支えられなかったりするときは、犯罪組織を必要悪として認めてその役割を担わせる。だが、いったん景気が良くなって社会が成熟すると、完全悪として排除されてしまう。

いま、暴力団は暴力団対策法によって活動を極端なまでに締め付けられ、「暴力団の貧困」「暴力団の失業」「暴力団の生活保護」といったことが雑誌の話題になるほどだ。今後もこの流れはますます加速していくにちがいない。

暴力団の活動が悪であり、社会から取り除かれるべきだという考えに異論はない。ただ一つ懸念すべきは、人間のなかには必ず良い面と悪い面があるし、制度や倫理だけでは成り立たない状況もあるということだ。

日本は社会から必要悪を消し去ろうとしているが、それに代わるものをいかにつくっていけるのかということが、今後の課題となるだろう。

# 第7章

# 食事

## 階層化された食物、アルコールへの依存

## 絶対 稼いだお金の大半が食事代に

世界は、食糧危機の時代に突入しているといわれている。人間がつくることのできる食糧には限界があるのに、世界人口は七〇億人を突破し、二〇五〇年には九〇億人に達すると推定されている。

日本にいれば食糧危機を肌で感じることは少ない。だが、日本の食糧自給率は四〇パーセントを切っており、輸入しなければ国民の過半数が飢える計算になる。WFP（国連世界食糧計画）によれば、現在の世界の飢餓人口は八億四二〇〇万人に上っており、毎日三万人の子どもたちが飢餓が原因で命を落としているという。

ただ冷静に考えなければならないのが、食糧難による死亡の中身だ。国連やNGOは簡単に「飢餓」という言葉を用いるが、これは何も食べられずに餓死寸前に追いつめられている人のほかに、栄養不良の人々も含まれる。この栄養不良が大きな問題となっているのだ。

栄養不良とは、食事を摂ることはできても、栄養の不足や偏りで身体に悪影響が出る状態だ。たとえば米しか食べられずにいれば、魚やキノコに多く含まれているビタミンDが欠乏して骨に異常をきたすし、油をたくさん使用したファストフードだけを食べていれば、肥満になって肝臓や腸など内臓の疾患を引き起こす。貧困はこうしたかたちで貧しい人々を蝕《むしば》んでいるのだ。

では、途上国の貧困者の食糧事情はどのようになっているのだろうか。

すでに述べたように、途上国のスラムや路上では貧困者たちがコミュニティーを築き上げて生活をしている。食事においても、仲間たちとともに食材を買って一度に料理をすることで一日一・五食から二・五食を食べるのが一般的である。まとめて食材を買えばそれだけ値引きが可能になるし、いっしょに調理をすれば調理道具や薪《たきぎ》代などの節約になるので、絶対貧困の生活にあっても食事を摂ることができるのだ。

インドのスラムを訪れたとき、こう教えられたことがある。

「スラムでの暮らしで一番かかるのは食費なんだよ。バラックで暮らしていれば、水代とかガス代とかはかからないでしょ。住宅費だって本来はかからない。だから稼いだお金の大半は食事代になるんだ」

これは日本の生活とは根本から違うことを示している。

日本では食費以外の生活費にお金がかかる。総務省統計局によれば、日本のエンゲル係数の平均値は、二〇一一年度で二三・七パーセント。家賃、光熱費、水道代などがかかるため、エンゲル係数はそれぐらいにまで抑え込まれるのだ。

一方、途上国のスラムや路上では生活にかかる費用がほとんどないぶん、エンゲル係数が八〇パーセントを超えるようなことも珍しくない。とはいっても、このようにして摂れる食事には偏りがあり、健康を維持するのに十分な栄養を摂取できるとは限らない。それで起こるのが、先ほど述べた栄養不良の状態なのである。

## コミュニティーがあるから栄養不良で済む

次に、途上国の人々が直面する飢餓のもう一つのかたち、餓死について目を向けたい。貧困者たちはどういう状況で餓死に追いつめられるのか。その原因はおおよそ二つある。

1　コミュニティーからの排除
2　自然災害による環境の変化

先ほど、コミュニティーのなかでは食費が大幅に節約されて食事を摂ることができていると書いた。だが、何かしらの理由によってコミュニティーから外れてしまえば、そうした前提が崩れてしまう。

私がケニアの施設で聞いた少年の例を紹介したい。

《ケニアのストリートチルドレン》

ケニアの田舎町に一人の少年がいた。彼は農村での貧しい生活に嫌気がさして家出をし、ナイロビでストリートチルドレンとして暮らしはじめた。

ストリートチルドレンの社会にもコミュニティーはあり、少年は同じような年齢の子どもたちのグループに入り、いっしょに助け合って暮らした。大人の路上生活者たちと同じように所持品を貸し合ったり、お金がないときに食事をおごってもらったりするのだ。

だが、彼は路上での暮らしのなかでドラッグを覚えて、その副作用で暴力的な性格になった。グループの仲間たちが何もしていないのに、因縁をつけて手を上げることがつづき、やがて仲間外れにされて排除されてしまった。

少年は生きるために別のグループに入ろうとしたが、薬物中毒がひどくてどのグループからも締め出されてしまう。食べていくことができない日々がつづき、やむなく彼はゴミを漁って胃を満たすようになったが、食中毒で激しい下痢を起こしたり、何にもありつけない日があったりして、しだいに体力が落ちていき、路上で倒れた。

このまま自分は餓死するのだ。そう思っていた矢先、たまたま通りがかった施設の職員に声をかけられて救ってもらった。それがなければ、餓死していたことは間違いない。


この例からわかるのは、コミュニティーから外れた先に、餓死が待っているということだ。本人に危機感があれば必死にコミュニティーに留まって飢えを防ごうとするが、薬物中毒などによってその意思がなくなった場合は、一気に餓死に転落することがあるのだ。

次に二つ目の原因である「自然災害による環境の変化」について考えてみたい。これはコミュニティーの支え合いによってギリギリのラインで成り立っていた生活が災害などの外的要因によって崩れてしまい、食べていくことができなくなる状態だ。よくある原因としては、旱魃や台風や洪水といったものがあげられる。

最近の例でいえば、ソマリアがそれに当たるだろう。ソマリアでは二〇一〇年からの二年間で二六万人の人が餓死したといわれている。もちろん、この餓死には栄養不良によって何かしらの疾患にかかって死亡した者も含まれているが、純粋に食べることができずに死んだ者も多数いるといわれている。

こうした餓死は都市部より地方で多い。都市部で災害が起きた場合は、中央政府や外国からの支援が届いて餓死だけは免れることがほとんどなのだが、地方では交通が遮断されて孤立したり、あまりに広範囲にわたったりしてしまうことで支援が届かなくなってしまうのだ。とくにソマリアなど事実上の無政府状態で外交を断っている国であれば、そういう事態になりやすい。

以上、途上国における食糧危機が引き起こす栄養不良の問題と餓死について見てきた。ここからわかるのは貧困が栄養不良を招いたり、貧困に別の要因が加わることで餓死する人が出てきたりする構造だ。では、日本の低所得者にとっての食糧問題とは何なのだろうか。

## 相対　日本でなぜ餓死者が出るのか

日本の低所得者の食費はどれぐらいなのだろうか。一例として生活保護受給者のそれを考えてみたい。

単身生活保護受給者の場合、家賃を除いた生活扶助は五万円前後である。通信費や光熱費などを除けば、食費に充てられるのは月二万五〇〇〇～三万円ぐらいだろう。一日に換算すると一〇〇〇円ぐらいだ。自炊を徹底すれば、けっして栄養不良に陥るような額ではない。

とはいえ、すべての人がそうならないのが難しい現実だ。生活保護受給者のなかにはアルコールに依存する者や賭博《とばく》を趣味にしている者がおり、そこに金をつかってしまえば必然的に食費が減ることになる。自己責任だという意見もあるだろうが、独り身の孤独を埋めるにはそうせざるを得ない事情もある。こうしたこともあって、生活保護受給者の四割が食事を一日二食以下に抑えているという（長野県民主医療機関連合会「生活保護実態調査 二〇一三年」）。

これより厳しい状況にあるのが、働きながら子どもを育てている低所得者だ。生活保護を受けていれば、子どもが増えれば生活扶助や教育扶助が加算されるが、働いていればそうはならない。低い収入のまま食費だけが膨らむのだ。

かつて国会で一例として紹介された家庭の例をあげよう。母子家庭で、小学生と中学生の子どもが一人ずついた。この家庭で週に充てられる食費は全部で七〇〇〇円。一食当たりにすると一人一一一円である。むろん、食事を二回に減らしていたりするだろうが、それでも一食当たり二〇〇～三〇〇円ぐらいが限界だろう。ご飯やパンにおかずが一品ついている程度ではないだろうか。

ＮＰＯのスタッフから次のような話を聞いたことがある。

「日本の貧しい母子家庭が三食ちゃんと食べていこうとしたら、レストランやスーパーで働いて余りものをもらうのが一番だと思います。収入は低くても食べていくことはできますからね。とはいっても、問題なのはそういう職場では正社員登用がほとんどありませんし、収入は低いまま据え置きということが少なくないことです。結局、貧困から脱することができなくなるんですよ」

このように日本の低所得家庭が直面している食糧事情は厳しいが、それでも途上国のような栄養不良に陥らずに済んでいるのは、日本ではレストランでの就業がしやすかったり、学校へ行けば給食を食べられたりするからだろう。先に見たように二二億円に上る給食費の未納のうち三～四割が「保護者の経済的理由」であることは、それを暗に示しているように思えてならない。

もう一つ餓死について考えたい。日本でもごく稀に餓死が起こることがあるが、途上国のそれとは背景が大きく異なる。具体的に見てみれば、次のような例だ。

《男女3遺体　親子が餓死か》
20日午後0時半ごろ、さいたま市北区吉野町2のアパート1階で「ドアにチェーンがか

> かり応答がない部屋がある」と、管理会社の男性から埼玉県警に連絡があった。大宮署員が現場を確認し、布団の上で男性2人と女性1人の遺体を発見した。同署は、住んでいた60代の夫婦と、30代の建設作業員の息子とみて、身元の確認を進め、死因を調べる。
>
> 同署によると、3人はやせ細っており、死後2カ月程度とみられる。目立った外傷や遺書はなく、餓死や病死の可能性もあるという。男性1人は4畳半、残る2人は6畳の布団の中で見つかった。室内に現金はほとんどなく、昨年8月ごろから家賃を滞納。昨年末ごろから電気やガスも止まっているという。
>
> 昨年11月に管理会社の職員が訪問した際には、妻が対応し「息子は仕事で、夫は具合が悪くて寝ている」と話したという。
>
> さいたま市によると03年以降、生活保護の受給記録はなく、相談もなかったという。アパートの所有者の男性(59)は「約10年前に入居したが、一昨年ごろから『家賃が払えないから待ってほしい』と複数回言われた。昨年10月ごろから家族の姿を見かけなくなった」と話した。
>
> (『毎日新聞』二〇一二年二月二十日)

こうした事件は年に何度も起きており、ニュースになるたびに行政の対応が問題になる。

しっかりと監視して生活保護を受けさせてあげていたら、このような事態にならなかったのではないか、と。

だが、必ずしもそう簡単に断言して解決できる問題ではない。餓死者が認知症の進んだ独居老人であったり、知的・精神障害をもった人であったりすることが多々あるためだ。

それまでは何とか生活できていたとしても、病気や障害が進行することで外部との関係が断たれ、自分でもどうしていいかわからぬまま、餓死という最悪の結果を迎えてしまうのだ。

行政がこうした家庭すべてに目を光らせるのは、不可能に等しいだろう。最初から障害をもっていた人であればともかく、急激に悪化した人まで把握することは困難だからだ。

右に紹介した記事の犠牲者が餓死した原因の詳細はわからない。だが、三人が何かしらの病気を抱えていたという可能性はまったくないとはいいきれないはずだ。

私たちはこうした事件が起きたとき、犠牲者を「自分と同じ人」と見なしがちだ。もちろん、そういうこともあるが、同時にそうではないこともある。大切なのは、犠牲者個人が抱える問題をしっかりと見つめたうえで、同じ事態が起こりえないようにする手立てを打つことだろう。

## 絶対　階層によって食事が分断されている

次に、貧困者が具体的にどのようなものを食べているのかということを考えていこう。途上国の食生活においていえるのは、富裕層や庶民が食べるノーマルフードと、貧困者が食べる貧困フードでは料理そのものがまったく異なるということだ。

たとえば、インドネシア料理を見てみたい。インドネシア料理といって私たちが思い浮かべるのは「ナシゴレン」（炒飯）や「サテ」（焼き鳥）や「焼きビーフン」だろう。日本にある東南アジア料理店を訪れれば、ふつうに注文して食べられるものだ。インドネシア国内でも、庶民から上流階級までの日常食＝ノーマルフードだといえる。

だが、一歩スラムへ入って食卓を覗《のぞ》くと、こうしたものはあまり食されていない。代わりに目にするのは「ぶっかけメシ」とでも呼ぶべきものである。たとえば、写真はスラムの屋台で売られているものだ。その日に手に入る安い具材を煮込んで、ご飯や麺といった炭水化物に混ぜて出すだけだ。具材のなかには一般的な野菜以外に、魚の頭、カエル、ミミズといった庶民が口にしないようなものも含まれていることがある。こうしたものは貧困フードとされている。

インドネシアのスラムの屋台で売られている食事

貧困フードは調理の仕方にも特徴がある。貧困者が食材とするものは安価なぶん、古かったり傷んでいたりすることが少なくない。加えて、いったん料理をつくれば冷蔵庫に保存することができないので、できるだけ長持ちするようにしなければならない。そこで貧困者たちは「できるだけ火を通す」ことを心がけるのだが、それが行き過ぎて「徹底的に油で揚げる」ということが行われる。

その象徴が、黒人奴隷たちの貧困フード「フライドチキン」だろう。彼らは白人が食べない鶏の足を徹底的に油で揚げることで、フライドチキンという料理を生み出したのだ。

これはいまも同じで、ぶっかけメシのようにその場で食するもの以外は、鶏肉でも魚でも卵でもカラカラになるまで油で揚げる。東南アジアでもアフリカでも、スラムの人々が魚の頭を煎餅《せんべい》のように焼いて食べる光景をよく目にするが、こうした理由が背景にあるのである。

タンザニアのビクトリア湖近くの町を訪れた際、スラムのガイドをしてくれた男性がこんなことを教えてくれた。

「この国じゃ、金持ち連中は分厚い牛肉を食べるんだ。アメリカ人が大好きなステーキだな。けど、一般庶民にはそんな肉は手に入らない。そもそもそれを売っている高級スーパーなんかには行けないからね。だから町の肉屋で手に入る鶏肉や山羊肉、あるいは薄っぺらな牛肉をメインに食べるんだ。一方、スラムの連中は違う。ビクトリア湖にいるナイルパーチの頭だ。胴体は欧米に輸出され、頭だけがこの国に残る。貧しい連中はそれを油で揚げて食べるんだよ」

ここからいえるのは、途上国では階層によって食べる物の種類が大きく異なるということである。富裕層には富裕層の料理があり、庶民には庶民の料理があり、そして貧困者には貧困フードがある。階層によって食事が断絶されてしまっているのだ。

第1章で、都市において貧困者の居住区が分断されているという話をしたが、料理にも階層の分断が起きているのである。

## 相対　栄養価の高い炊き出し

日本では、途上国のように厳密な意味で食事が分かれているということはない。

もちろん、日本にだってアワビやマツタケや伊勢海老といった高級食材はある。だが高所得者だからといって毎日それらを食べているわけではないだろうし、低所得者だって毎日パンの耳やカップ麺だけを食べているわけではないだろう。

日本における食の特徴は、階層ごとに厳密に分かれているのではなく、料理自体は同じものを食べていることだ。高所得者だって牛丼やたこ焼きやソバを食べるし、低所得者だって寿司やメロンやケーキを食べる。よほどでないかぎりは、たこ焼きを食べたことのない高所得者はいないだろうし、メロンを食べたことのない低所得者もいないはずだ。

もちろん、両者が食べているものの価格が異なるということはある。高所得者は日本料理屋でソバを食べるだろうが、低所得者は駅前の立ち食いソバ屋で食べる。あるいは高所得者は銀座の寿司屋に行くが、低所得者はコンビニでパックの寿司を買って帰る。とはいえ、どちらもソバや寿司には違いはなく、これは高所得者しか食べない料理です、これは低所得者だけが食べる料理です、というような区別はないといえる。

**図表21　ホームレスの1日の食事回数**

| 食事回数 | 全国調査 |
|---|---|
| 1日3食 | 28.9% |
| 1日2食 | 46.2% |
| 1日1食 | 16.9% |
| その他（不定期等） | 8.0% |

出所：厚生労働省「平成15年度 ホームレスの実態に関する全国調査」

**図表22　ホームレスの食糧調達の方法**

| 調達方法 | 比率 |
|---|---|
| 購入 | 82.6% |
| 炊き出し | 38.2% |
| 仲間の差し入れ | 18.1% |
| コンビニ期限切れ | 8.0% |
| 拾う | 4.1% |
| その他 | 3.6% |

注：複数回答
出所：東京都墨田区「平成17年度 ホームレス実態調査」

日本の驚くところは、同じことがホームレスに関しても当てはまることだ。図表21、22のように、日本では一日二食以上平均して摂っているホームレスが七五・一パーセントになっている。その食事の中身は「購入」「炊き出し」「仲間の差し入れ」などが圧倒的に多い。

このうちの炊き出しの中身に目を向けると、写真のようにバリエーションも量もけっして乏しくないことがわかる。牛丼、焼き肉、カレーライス、ハンバーグ、シチューなど何でもあり、正月やクリスマスにはケーキなどが配られることも少なくない。しかも、いずれもNPOなどが栄養分をきちんと計算したうえで料理しているのだ。

都内の韓国系の教会で働く男性は、教会が行っている炊き出しについて次のように語っていた。

NPO「TENOHASI」と宗教法人マスジド大塚による炊き出し。写真のビリヤニ(スパイスのきいた鶏の炊き込みご飯＝インド料理)のほか、カレーライス、サラダ、お菓子などが配付された(写真：NPO「TENOHASI」)

「都内では、毎日何カ所かで炊き出しが行われています。ホームレスたちは、こっちの炊き出しは量が多くて美味《おい》しくて、あっちの炊き出しはデザートとジュースがついているなんて情報を交換し合って、どこへ行くかを決めます。自然と人気のある炊き出しと、人気のない炊き出しに分かれてしまう。だから、炊き出しをするNPO側にしても、ほかのところに負けないようにご馳走をつくろうとするんです。ホームレスの人たちに集まって喜んでもらわなければ意味がありませんからね」

炊き出しもまた競争原理に巻き込まれ、質がどんどん向上しているのだ。

実際、この日教会が出していた炊き出し

は、肉がたくさん入った韓国料理クッパだった。大きな容器に山盛りにして出され、ホームレスたちは湯気を吹きながら頬張っていた。そこらへんの韓国料理屋で注文すれば、一〇〇〇円～一五〇〇円ぐらいはするような品だ。

ちなみに、NPOなどは構造的に炊き出しの質は上がるようにできている。NPOは国からの予算や募金によって活動費を賄っているのだが、それをより多く得るためには活動実績が必要になる。どれだけのホームレスに対していかに有効な支援をしたかという実績が大切なのだ。

これは宗教団体が行う支援なども同じだろう。募金をする信者に対して活動実績を示すからこそ、より多くの寄付がなされる。そしてそれが信者の新規獲得にもつながるのだ。

そう考えると、ホームレスという限られたパイを奪い合わなければならない。より多くのホームレスを自分たちの元に呼び寄せなければならないのだ。炊き出しの向上はそれを象徴しているといえるだろう。

## 絶対 貧困フードの危険性

途上国で階層によって食の分断が起きていることを述べたが、こうした現実が貧困者にいかなる影響を及ぼすのか考えてみたい。

貧困フードに共通するのは栄養価が低いうえに、人体に有害なものが含まれている可能性があるということだ。それを日常的に食していれば、当然さまざまな異変が体に起きかねない。貧困者が貧困フードから受ける悪影響は、おおよそ次の三点である。

1　栄養不足が引き起こす悪影響
2　栄養不良が引き起こす悪影響
3　危険な食事が引き起こす悪影響

まず、1の栄養不足だ。栄養が不足すれば、体の免疫力が低下することになる。問題なのは、貧困者が危険なウイルスや細菌と日常的に接する環境にいるために、免疫力の低下が病気の感染につながることだ。

これを示すのが、途上国の子どもの死因で「肺炎」と「下痢」が上位を占めていることだろう。これらの病気の大半は感染症によって引き起こされるものなのだ。事実、五歳までに亡くなる子どもの三人に一人が栄養不足が原因といわれている。

とはいえ、感染症と貧困の問題については最後の第8章で細かく述べたいので、ここでは免疫力の低下が起きるということだけ念頭に置いていただければと思う。

次に、2の栄養不良が引き起こす問題について。人間はたくさんの栄養バランスの上で健康を保つことができる。だが、貧困フードでは栄養を十分に摂れなかったり、偏りがあるので、それだけを食べつづけていれば、当然体調を崩すことになりかねない。

タンパク質を十分に摂らなければ、子どもは発育障害に陥ることになり、身体の成長が遅れたり、知的障害をもつようになったりすることもある。実際、スラムの子どもたちに会って話を聞いてみると、体の大きさから小学四年生ぐらいだろうと思っていたのに、中学生だといわれて驚くことも少なくない。これなどは明らかな発育障害だろう。

またビタミンAが不足すれば、眼に異常が起こることがある。視力が低下し、最悪の場合は失明に至るのだ。ビタミン$B_1$が足りない場合は、脚気《かっけ》になることがあるし、心臓や胃腸に異常が起こるケースもある。現に、途上国の路上の物乞いに盲目の人や、体に何かしらの異常を抱えている人が多いのは、それらが要因となっていることも少なくないだろう。

ちなみに、栄養のバランスは二歳までに整えなければならないとされている。WFP（国連世界食糧計画）のホームページには次のような言葉が記されている。

「特に栄養が必要な時期は、赤ちゃんがお母さんのおなかの中にできて（妊娠）から、生まれて2才の誕生日をむかえるまでのおよそ1000日間です。この時期に栄養が足りないと、後でいくら栄養をとっても完全な回復は難しく、健康の問題が残ってしまいます」

必要な栄養を摂取できないことが、貧困者の人生にどれだけ影響を及ぼすかがわかるのではないだろうか。

最後に3を見てみよう。危険な食事には二種類ある。一つは食材そのものが腐敗していて食べられるものではないということ。二つ目は衛生的な理由で、食材がウイルスや細菌に冒されているということだ。

たとえば、スラムの川は排泄物《はいせつぶつ》が垂れ流しになっているので、洗った野菜が赤痢菌《せきりきん》やコレラ菌に毒されているケースがある。あるいは、料理に使用する水が水銀などに汚染されているケースもある。貧困者は食べ物を通して有害物質を摂取してしまい、体を壊してしまうことがあるのだ。

貧困者もこうした危険性を知っているので、少しでも濾過《ろか》しようと、手製の浄水器（プラスチックに砂を入れただけのもの）に一度水を通してから飲んだり、雨水をためて飲料水にしたりする。だが、目に見えるゴミは除去できても、顕微鏡でしか発見できないウイルスや細菌を取り除くことはできないのは明らかだ。

バングラデシュのスラムの診療所で働く男性は、こういっていた。

「妻の母乳が出ないときが一番厄介だよ。しばらくまともに食事ができない日がつづくと母乳が出なくなっちゃう。粉ミルクは高くて買えないから、水を飲ませてごまかそうとする。だけど、その水が汚くて、赤ん坊が病気になって死んでしまうことがあるんだ」

国連の統計によれば、世界にはきれいな水を飲めない環境にある人が一一億人いるとされていることを記せば、問題の大きさが否応なしにわかるだろう。

## 相対　日本の「食糧危機」

先ほど日本の低所得者の食事の特徴として、明確な貧困フードの線引きがないうえに、ホームレスであっても栄養価の高い炊き出しを食べられると書いた。では、日本の低所得者に食の不安はないのだろうか。

そんなことはない。まず、日本にも栄養バランスの問題がある。

高所得者と低所得者とでは、同じものを食べていても栄養バランスがまるで異なる。わかりやすい例でいえば、高所得者が日本食レストランへお酒を飲みに行けば野菜、魚、肉など

## 図表23　所得と生活習慣に関する状況

| | | 世帯所得<br>200万円未満 | | 世帯所得<br>200万円以上～<br>600万円未満 | | 世帯所得<br>600万円以上 | |
|---|---|---|---|---|---|---|---|
| | | 人数 | 割合または平均* | 人数 | 割合または平均* | 人数 | 割合または平均* |
| 野菜摂取量 | （男性） | 455 | 256g | 1,716 | 276g | 755 | 293g |
| | （女性） | 678 | 270g | 1,880 | 278g | 829 | 305g |
| 肥満者の割合 | （男性） | 380 | 31.5% | 1,438 | 30.2% | 600 | 30.7% |
| | （女性） | 587 | 25.6% | 1,634 | 21.0% | 686 | 13.2% |

注：世帯の所得額を当該世帯員に当てはめて解析
＊年齢と世帯員数で調整した値
出所：厚生労働省「平成22年度　国民健康・栄養調査」

さまざまなおかずを注文することになるだろう。だが、低所得者が立ち飲み屋へ行っても、食べるおかずの種類は限られている。

自宅での食事においても同じことが当てはまる。高所得者が家でパスタをつくる際、サラダやスープやフルーツを出すことが多いが、低所得者の場合はパスタだけということになりがちだ。パスタにかけるソースにしても入っている栄養分はかなり違う。

こうした差は、低所得者の栄養バランスを偏らせる。具体的な例として図表23を見てほしい。収入別に野菜摂取量を表したものであり、低収入になればなるほど野菜の摂取量が減っているのがわかるだろう。これは、低所得者がおかずと呼ばれるようなものを食べることが少ないことを示している。

野菜の摂取量が少なくなれば、そのぶん炭水化物で腹を満たすことになる。米やパンといったものは野菜より高カロリーだ。また、安価な外食は安い油で調理されたものが多々あり、こちらも高カロリーだ。結果として発生するのが、低所得者の肥満増加である。

図表23の年収別肥満度からもわかるように、男性の低所得者は体を動かす単純労働に従事していることがあるが、そうではない女性の場合は、二〇〇万円未満の世帯と六〇〇万円以上の世帯とでは歴然とした差が表れている。肥満者の割合がじつに倍近くになっているのだ。

肥満が高血圧、動脈硬化、糖尿病、月経不順、大腸癌や乳癌などの癌を生み出す一因となっていることは広く知られている。さらに言及すれば、安価な食材には危険が伴う。中国など海外からの輸入品が多くなり、なかには養殖した魚を死なせないために大量の薬品を投与していたり、腐敗防止や色彩加工のためにさまざまな化学物質が混入されていたりすることがある。これもまた生活習慣病などにかかる要因となるといわれている。

こうしてみると、低所得者の健康が食によって脅かされていることは想像に難くないだろう。途上国とは状況が違うとはいえ、健康が害されているという点では同じなのだ。

もう一つ、アルコールについても言及したい。アジアやアフリカの貧困者におけるアルコール依存の割合はけっして多くはない。密造酒を除けば、アルコール自体が高級品であるために手に入れることができないのだ。そもそも彼らは働いて、ギリギリの生活費を毎日稼がなければならないので、アルコール依存に陥っている余裕がないともいえるだろう。

しかし、日本では異なる。安い酒であればソフトドリンク以下の価格であり、低所得者であっても気軽に手を伸ばせてしまう。そしてそれがアルコール依存などを引き起こすのだ。

図表24　アルコール依存症者の割合

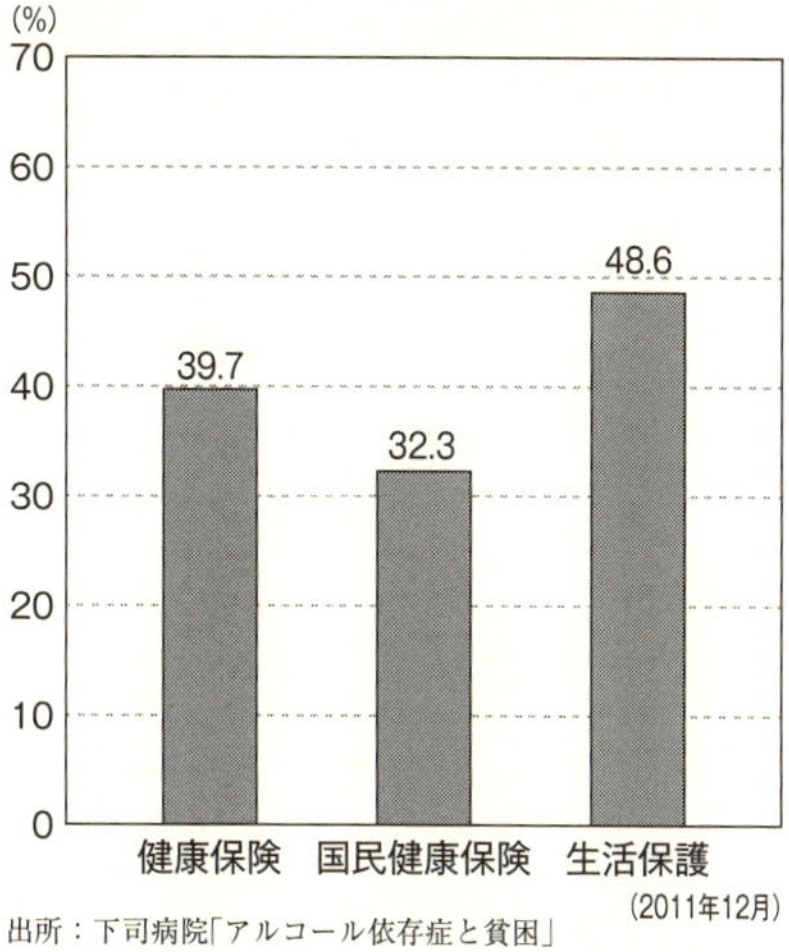


出所：下司病院「アルコール依存症と貧困」

一つの病院の例ではあるが、図表24を見ていただきたい。生活保護を受けている患者のうち、半数近くがアルコール依存症なのである。健康保険や国民保険の患者とくらべると高くなっているのがわかるだろう。

ホームレスにおいても同じことがいえる。ホームレスに対する調査では、八〇人中一三人がアルコール依存症であるという統計が出ている。ホームレスの六人に一人がそうだということだ。日本の成人男性に占めるアルコール依存症の割合は二パーセントだから、それとくらべるとかなり高い率だといわざるをえない（森川すいめいほか「東京都の一地区におけるホームレスの精神疾患有病率」二〇一一年）。

これで思い出すのは、墨田区にある病院長から聞いた話だ。そこは生活保護受給者などを積極的に受け入れている病院だった。院長は次のようにいっていた。

「ホームレスのアルコール依存は肝臓などにダメージを与える以外に、事故をも引き起こすんです。うちにはアルコール依存のホームレスが脳挫傷で運ばれてきます。泥酔して道を歩いているうちに転んで後頭部を打って死亡したり、道で寝ていて事故に遭ったりするんです」

食糧危機といわれている時代、日本では年間一八〇〇万トンの残飯が出ており、金額に換算すると一一兆円にもなるという。

そんな国にも低所得者の「食糧危機」は存在する。その現実にゾッとするような気持ち悪さを感じるのはけっして私だけではないはずだ。

# 第8章

# 病と死

## コミュニティーによる弔い、行政による埋葬

## 絶対貧困者が直面する死のリスク

貧困と人間の寿命は、どれくらい関係しているのだろう。

国連は先進国と後発発展途上国に分けて平均寿命を算出しており、先進国が八十歳であるのに対して、後発発展途上国は五十九歳となっている。日本は八十三歳だ。国別の平均寿命を見ても、日本が八十二・九歳であるのに対し、レソトやシエラレオネなどといった国では四十七・四歳となっていて、じつに倍近い差があるのだ。

こうした統計を見れば、貧困が人間の命を大幅に縮めていることは明らかだ。では、絶対貧困の人々が直面するリスクとはどのようなものなのか。特徴的なものを三つあげたい。

1　免疫力が低く病気にかかりやすい。
2　危険な環境にいるために事故や災害に遭いやすい。
3　途上国特有の病気がある。

順番に見ていきたい。

最初の免疫力の問題は、第7章で少しふれた。栄養が不足していれば、人間がもともとっている免疫力が低下することになる。

貧困者たちが生活している場所は衛生状態が悪いため、病原体がうじゃうじゃしている。前章では子どもの肺炎や下痢について言及したが、肺炎であればマイコプラズマ菌、下痢であればコレラ菌や赤痢菌などが原因となる。排泄物が浮かんでいるような川の水を飲んだり、それをつかって料理をしたりしていれば、おのずと免疫力の低い貧困者は病気になってしまうのだ。

これは大人においても同様のことが当てはまる。たとえば、HIV感染症が貧困者の病気だといわれているのをご存じだろうか。

HIVは性行為によって感染する率は低く、女性から男性への感染率は〇・〇五パーセント（二〇〇〇回に一回）しかないといわれている。

実際に日本で最初のHIV感染者が発見されてから三十年ほどが経ったが、現在の感染者数は二万人ほどだ。性的な接触もないのに例年一〇〇〇万人ほどの感染者が出るインフルエンザとくらべれば、どれだけ感染率が低いかがわかるだろう。

だが図表25を見るとわかるように、貧困国のHIVによる死者は富裕国に対しはるかに多

## 図表25　所得による死因の違い(死者10万対)

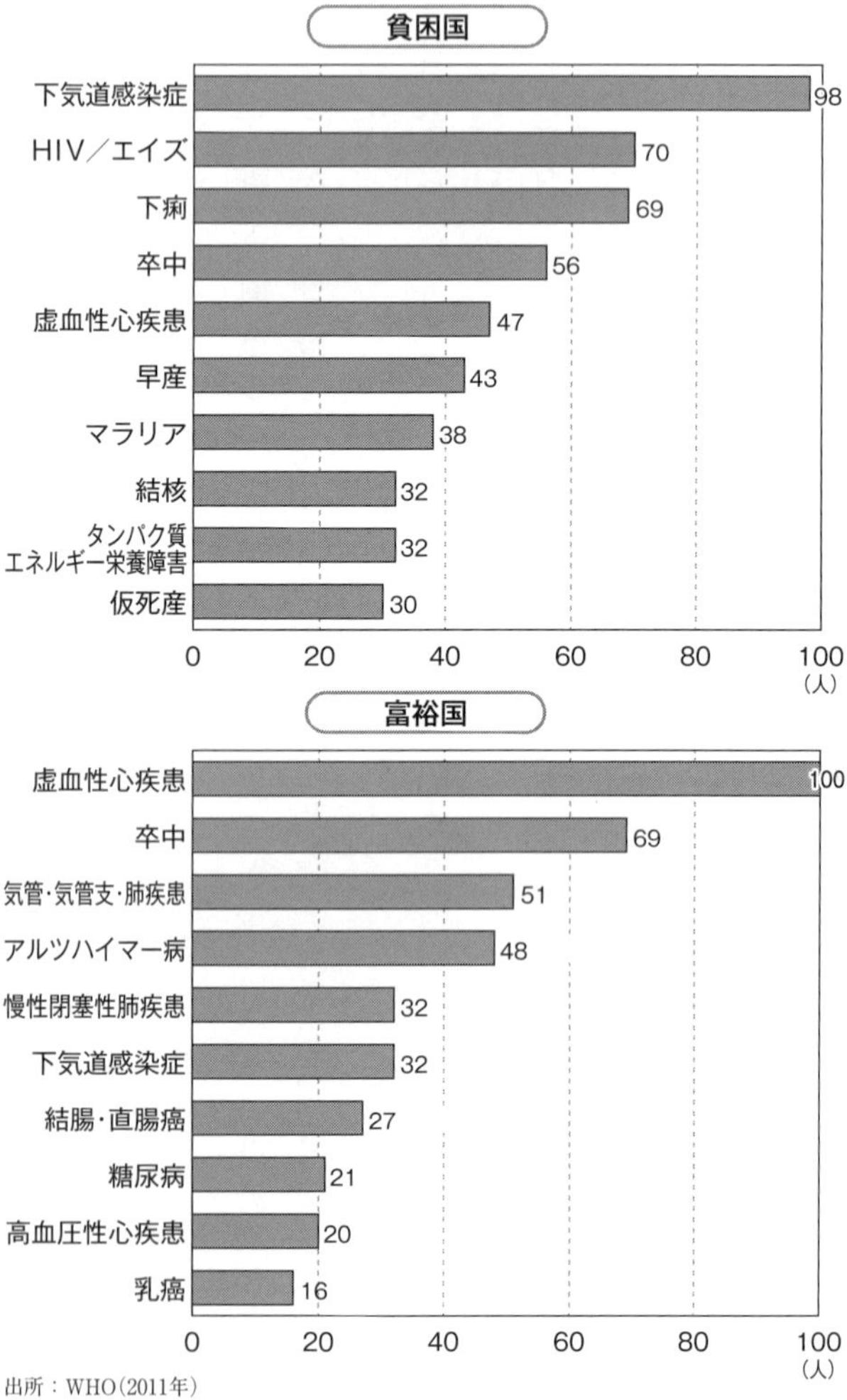


出所：WHO(2011年)

い。UNAIDS（国連合同エイズ計画）によれば、世界に三四〇〇万人いるとされている感染者のうち、約七割はアフリカのサハラ以南の貧しい国に集中しているのだ。原因はいくつもあるが、大きなものの一つが、貧困者の免疫力の低下だといわれている。

日本人であれば免疫力があるので、性行為をしたところでウイルスが排除されるので感染率は〇・〇五パーセントしかないが、栄養失調に陥っている人であればその力がないので感染しやすくなってしまう。それが先進国と途上国とでここまでの差を生み出すことになるのだ。

2については、彼らが暮らしている場所が大きく関係してくる。貧困者が不法占拠できる土地はおのずと一般の人々が家を建てたくない場所だ。だからこそ土地が空いているわけだし、そこにバラックを建てて暮らしていても、なかなか追い出されないのだ。

具体的にいえば、その土地とは電車の線路の脇だったり、雨季になれば浸水しやすい低地だったり、洪水の際には水があふれる川辺だったりする。当然、こういう場所で暮らしていれば事故や災害に巻き込まれる可能性は高い。途上国の災害で大量の死者が出たりする背景には、その周辺に暮らす貧困者が犠牲になっているという現実もある。

路上生活者に関していえば、何度か述べたように路上で暮らしているがゆえに熱中症や凍死といった危険に直面している。たとえば次のようなニュース記事が日本で報じられた。

《インド、猛暑で500人以上死亡　悪化の懸念も》

記録的な猛暑がつづくインドで4~5月の2カ月間で500人以上が熱中症などで死亡した。1日までにインド有力紙「タイムズ・オブ・インディア」などが伝えた。

この時期にはモンスーンが南西から南部の州に到来し、雨をもたらすが、今年はいつもより遅いとの気象観測もあり、被害がさらに深刻化する恐れが出ている。

最近はインド南部や北部の内陸地帯で日中の気温が45度を超えることも多く、全土で既に600人以上が死亡したとの情報もある。

（『共同通信』二〇一三年六月一日）

日本のメディアがこういうニュースを伝えても、つい読み流してしまいがちだが、こうした犠牲者のなかに路上で裸同然で暮らしている者たちが、数多く含まれているのである。

最後の3の「途上国特有の病気」だが、数えていけばきりがない。すでに述べたコレラや赤痢といった病気をはじめ、ほかにも腸チフス、破傷風、黄熱病、デング熱、ジフテリアなどといった病気もある。

こうした病気の代表格がマラリアだ。感染地域は一〇〇カ国以上あるといわれているが、おもなところは東南アジアやアフリカの貧しい地域である。

マラリアは、蚊の一種であるハマダラカに刺されることによって感染する。蚊というのは、川など水のあるところで多く繁殖するために、都市のインフラをきちんと整えたり、蚊が入ってこない建物に暮らしたりすれば防げるのだが、途上国にはそうしたところに十分なお金をかける余裕がない。

お金持ちは町の中心地にあって窓のある家に住んでいるので感染の可能性は少ないが、ドブ川の周辺で窓もないようなバラックで、蚊帳《かや》を買うゆとりさえなく暮らす貧困者は感染のリスクが一気に高まる。これが、マラリアが貧困の病であるといわれる所以《ゆえん》だ。感染者は年間三億人から五億人に上り、そのうち死亡者は一五〇万人から二七〇万人になるといわれている。

このように途上国で日本にあまり見られない病気があるのは、貧しさゆえに衛生状態が悪かったり、予防接種が浸透していなかったりするためだ。日本では何十年も前に根絶した病気であっても、まだ日常的に残っているということが数多《あまた》ある。その一つが狂犬病だろう。

狂犬病とは、狂犬病ウイルスを保有する犬（猫や猿なども）が人間を噛むことによってうつる感染症だ。日本でも昭和の初めごろまでは各地にそうした犬がおり、犠牲者があとを絶たなかった。だが、一九五〇年に狂犬病予防法が施行されたことで野良犬を駆除したり、ペットにワクチンを打つことが義務化されたりしたため、一九五六年から半世紀以上日本における発生は確認されていない。根絶したのである。

一方、途上国では対策が遅れ、未だにウイルスを保有した犬が路上に群れをなしていることがある。WHOによれば海外では年間で八〇〇万〜一〇〇〇万人が噛まれて病院で治療を受けており、うち五万五〇〇〇人が死亡している。

このように見ていくと、途上国では日本とはまた異なる原因で、多くの人々が貧困が原因で命を落としていることがわかるはずだ。

## 相対 低所得者は三倍の死亡率

世界的な見地からいえば、日本は途上国とは比較にならないくらい衛生的であり、平均寿命も長い。だが、日本人に焦点を当ててみれば、低所得者と高所得者の寿命はけっして同じだとはいいきれない。

日本における所得と寿命の関係性は、いくつかの研究から明らかにされている。

## 図表26　所得と喫煙の関係

| | | 世帯所得 200万円未満 | | 世帯所得 200万円以上～600万円未満 | | 世帯所得 600万円以上 | |
|---|---|---|---|---|---|---|---|
| | | 人数 | 割合または平均* | 人数 | 割合または平均* | 人数 | 割合または平均* |
| 現在習慣的に喫煙している者の割合 | （男性） | 497 | 37.3% | 1,896 | 33.6% | 815 | 27.0% |
| | （女性） | 719 | 11.7% | 2,034 | 8.8% | 877 | 6.4% |

注：世帯の所得額を当該世帯員に当てはめて解析
* 年齢と世帯員数で調整した値
出所：厚生労働省「平成22年度　国民健康・栄養調査」

たとえば日本福祉大学の研究グループが、六十五歳以上の人々を所得別に五段階に分けて死亡率を調査した。結果、高所得者グループ（課税対象の合計所得二〇〇万円以上、年金受給なら年三二〇万円以上）の男性は死亡率が一一・二パーセントだったのに対し、低所得グループ（老齢福祉年金や生活保護受給レベル）の男性死亡率は三四・六パーセントにまで達した。じつに、低所得者は高所得者の三倍もの死亡率ということになる（『朝日新聞』二〇〇八年十一月八日）。

高齢者だけでなく、一般の人々においても少なからず似たようなことがいえるはずだ。低所得者の死亡率が上がるのは、途上国のような感染症というより、生活習慣病によるものだと考えられている。

図表26を見ていただきたい。年収別に喫煙習慣の割合を比較したものである。男女ともに低所得者のほうが圧倒的に多くなっている。いうまでもなく、煙草は癌をはじめとした多

図表27　患者数の主傷病別構成割合

| 主傷病 | 入院患者 | | 外来患者 | |
|---|---|---|---|---|
| | 生活保護 | 国保など | 生活保護 | 国保など |
| 糖尿病 | 2.2% | 1.9% | 5.1% | 3.5% |
| 肝炎など | 1.2% | 0.7% | 1.5% | 0.6% |
| 統合失調症など | 34.4% | 13.7% | 5.5% | 1.0% |

出所：厚生労働省「平成20年度患者調査」

くの害を体に与えることが知られている。実際、男性の癌の二九パーセント、女性の癌の三パーセントが煙草によるものと考えられており、その数は年間で約九万人に及ぶとされている。

むろん、前章で見てきたように、肥満などから死に至る重大な病気になることも少なくない。図表27は、病院の患者における生活保護受給者と、国民健康保険などの受給者の割合を示したものである。糖尿病のような生活習慣病だけでなく、肝炎や統合失調症などにおいても生活保護受給者のほうが多いことがわかるだろう。この限りでは、低所得者のほうが体調を壊しやすいことが明らかだ。

ホームレスに目を移すと、こうした傾向はさらに顕著になる。ホームレスに多い病気として特徴的なのは結核だろう。結核は結核菌によって引き起こされる感染症で、日本の検診における発見率はわずか〇・〇一七パーセントだ。だが、ホームレスを対象とした検診では、活性型結核の発見率が八・五パーセント、不活性型結核が三・八パーセントになった。じつに二〇〇〜五〇〇倍になるのだ（岩田正美『現代の貧困』ちくま新書）。

ほかにもホームレスを検査した場合、さまざまな疾患が見つかっている。上位を占めるのは高血圧（一一・二パーセント）、胃・十二指腸潰瘍（三・一パーセント）、糖尿病（二・三パーセント）などだ（厚生労働省「ホームレスの実態に関する全国調査〈生活実態調査〉」）。

東京の山谷で低所得者の看護をしている女性は、次のように語っていた。

「都心の総合病院で働いていたときと、いまここで働いているときに感じた違いは、患者さんの周りに家族がいるかどうかということです。私たちや医者の先生ががんばるのはもちろんなんですが、やっぱり家族に囲まれていたら家族のためにもっと生きようとか、もっと体を大切にしようって思いますよね。でも独りになると、そういう気力が薄らいでしまう。低所得者のほうが死亡率が高いといわれていますけど、最終的にはそうした気力の問題も大きいんじゃないかな」

私はこの話を聞いたとき、医療従事者が「気力」という精神論を語ったことが意外だった。だが、診察に立ち会ってきた経験から、少なくない低所得者たちが生きる気力を失っているのを感じ取っており、言葉にせずにはいられなかったのだろう。

## 絶対 病気になっても治療を受けられない

人間はいつか命にかかわる重大な病にかかることになる。定期検診を受けていなくても、ある程度ひどくなれば自覚症状が出てわかるものだ。癌による激痛が起こったり、食事がまったく喉《のど》を通らなくなったり、高熱がつづいたりする。

途上国の貧困者は、こうした状況に陥っても適切な治療を受けられないことが大半だ。手術どころか、薬を買うことができなかったり、ひどいときには診察さえしてもらえなかったりする。

こうしたことが起こるのは次のような理由があるからだ。

- 保険に加入していないので高額な医療費が払えない。
- 行政が行っている無償の医療が十分ではない。

どこの国でも医療費は高額だ。医師の育成、医療機器の購入、治療薬の開発などあらゆるところに膨大な費用がかかるため、末端の患者が支払う額が否応なしに高くなるのだ。

通常は個人が全額を負担するのが難しいため、保険によって負担を軽減することになる。だが、途上国の貧困者はそもそも保険に加入するほどの経済的余裕がない。そこで途上国の多くは無償の病院を建て、貧困者にはそこで治療を受けてもらうようにするのだ。

多くの場合こうした無償の病院にも問題がある。まず乏しい税金や海外からの支援に頼って運営しているので、病院の数が絶対的に不足しているということだ。何百万人が住む都市に一つだけあっても、診察の順番を待つまでに何日もかかってしまい、結果として意味をなさないということが少なくない。また、主要な大都市にしかないので、僻村《へきそん》に暮らす貧困者は通うことができないという事情もある。

忘れてはならないのが、外国からやってきた移民や難民だろう。これまで見てきたようにスラムには近隣諸国からやってきた貧しい外国人が住みついており、その数は数十万人に上ることも少なくない。だが、国が運営している無償の病院はその国の国民しか利用できず、外国人は対象外となるのがふつうだ。そうなれば、不法移民や難民は治療を受けられないことになる。

かつてタイにあるミャンマー難民のための病院で働く医師と話をした際、こんなことをいわれた覚えがある。

「ミャンマー難民はタイの医療保障の対象外で、お金をかき集めて私立病院へ行ったとしてもタイ語をしゃべれないので症状を説明することができません。だからこそ、ミャンマー難民を受け入れるための専用の病院が必要になるのです。この病院は世界各国からの支援で成り立っていますが、難民たちに十分な医療を施せているとはいえません。難民は越境してきたあとに山奥の村に住みついたり、農場で小作人として働いたりしているので、ここまで受診に来られないんです。そのため、病院では定期的に村を巡回するとか、診療所をつくって何かあったらそこから運んでもらうといったことをしていますが、まだまだ人も費用も足りないというのが実情です」

### 薬を買えない人々

治療とは別に、医薬品の価格の問題もある。世界に出回っている医薬品の大半が、先進国の製薬会社が開発・製造したものであるため、価格が非常に高く、貧困者が購入するのが難しいのだ。薬一錠が彼らの日給以上ということも少なくなく、検診は受けられても、治療ができないという事態が発生しかねない。

途上国の政府はこうした矛盾への対策として、ジェネリック医薬品の推進や、コピー薬の製造を許可したりする。あるいは、海外からの支援でもらった薬を貧困者へ無料配布することもある。

たとえばインドでは一部の条件を満たせば、コピー薬の製造が認められており、数十分の一の価格で買えるような仕組みになっているし、マラウイでは抗ＨＩＶ薬を政府や海外機関のお金で買って患者へ無償で配布している。

しかし、このような政策にまったく問題がないわけではない。民間業者が、政府が認める範囲外でコピー薬を製造販売したり、汚職した役人が海外機関から手に入れた薬を横流しして、市場に正規価格の半額ぐらいで売ったりするケースがあとを絶たないのだ。

エチオピアの地方都市を訪れたとき、私は市場で安い薬がたくさん売られているのを見かけたことがあった。抗生剤やマラリアの薬が、正規価格よりはるかに安い値段で売られていた。店長に尋ねてみると「政府からの払い下げだから安いんだよ」という説明を受けた。だが、後日現地の人に確認すると、次のような答えが返ってきた。

「市場で安く売られている薬のほとんどが、中国やインドでつくられた偽物だよ。服用したところで効果はないし、悪い物になると逆に体を壊してしまうことがあるから気をつけたほうがいい。薬が欲しいと思っているけど貧しくて買えない人のためのものなんだ」

私が成分まで調べたわけではないので安易なことはいえないが、製薬会社ファイザーの調査では、日本で個人輸入されたＥＤ治療薬の五五・四パーセントが偽物だったことを考えれば、途上国で偽造が大規模に行われていても不思議ではない。

こうして見てみると、貧困者たちがきちんとした医療をなかなか受けられていない現状が明らかになるだろう。

貧困者たちのなかには科学的に製造された薬の代わりに、薬草などを用いた伝統薬にすがる者も少なくない。伝統薬は安価なので、初めから科学薬に頼らずに伝統薬が一番いいと信じている者もいる。

もちろん、伝統薬が科学的に効果があるかどうかは定かではない。物によっては人体に有害なものもあり、政府の保健機関や国際機関はそれらの服用をやめるように働きかけている。

私はこうした国や国際機関の判断はもっともだと思う一方で、別の役割もあるのではないかという気持ちもある。たとえば伝統薬による治療には、ホスピスとしての役割も含まれているように思えるのだ。

貧困者が無償の病院で診察を受けたところで、簡単な治療を機械的に施されるだけだ。医療サービスが行き届いておらず、流れ作業になってしまいがちなのだ（日本のような医療サービスを受けるには高額なプライベート病院へ行くしかない）。

だが、伝統薬をつかえば、薬師が毎日のように会いに来てくれるし、身の回りの世話もしてもらえる。何より普段から伝統薬をつかっていれば、身近な人に看取ってもらえることになる。病院のような人工的な延命処置はできないかもしれないが、知った人たちに囲まれて自然に逝くことはできるのだ。

もちろん、どちらが良いか悪いかはそれぞれの感じ方でしかないが、私はそういうあり方も一つあるのではないかと思っている。

## 相対　人によって異なる医療費三割負担の重荷

これに対し、日本の医療事情はやはり制度に支えられている。

日本では原則的に社会保険・国民健康保険に加入することになっており、医療費は最大三割負担だ。つまり、一万円かかるところが、患者の実質負担は三〇〇〇円で済むということだ。

また、高額療養費という制度もある。月にかかった医療費が一定の額を超過した場合、そのぶんを負担してもらえるというものだ。たとえば七十歳未満の低所得者が、月に八〇万円の医療費がかかった場合、自己負担は三万五四〇〇円で済む。ちなみに、負担金額は所得によって異なり、上位所得者（月の所得が五三万円以上）の場合は一五万三〇〇〇円の負担になる。

だが、低所得者にとって三割負担はけっして安い金額ではない。一日の食費を一〇〇〇円以下に抑えようとしている人たちにとって、病院での診察や薬に二〇〇〇円も三〇〇〇円も支払う余裕がないのは明らかだろう。

低所得者のなかには、経済的な事情から病院での受診を控える者もいる。調査によれば、低所得・低資産（年間世帯収入三〇〇万円未満、かつ純金融資産三〇〇万円以下）の人々のうち三九パーセントが、「一年以内に経済的な理由で体調が悪いにもかかわらず病院へ行かなかったことがある」と回答している。同じ理由で、病院で受診したにもかかわらず、薬を処方してもらわなかった人も一六パーセントに及ぶ（日本医療政策機構「日本の医療に関する2008年世論調査」）。

看護師は次のように語る。

「患者さんが病院での診察を避けるのって、お金の問題ばかりじゃなくて、周囲に迷惑をかけたくないっていう気持ちも大きいんだと思います。経済的に問題のある人たちって人間関係がうまくいっていない人が少なくないので、自分が病院にかかってさらに人に迷惑をかけるわけにいかないって考えるんです。たぶん、迷惑がられるのが嫌なんだと思います。それで病気の発見や治療が手遅れになるってことはしばしばあります」

「毎年人間ドックを受けている人」「体の不調時にすぐに診察をしてもらう人」「耐えられるまで耐える人」とでは、病気発見時に助かる可能性は大幅に違うはずだ。お金がないあまりに、周囲の人々に気をつかって受診を避ける現実にやるせなさを感じざるをえない。

とはいえ、本人がいくら病院を避けようとしても、急な病気にかかったり交通事故に遭ったりすれば、本人の事情とは別に病院に運ばれることになる。そうなったときに出てくるのが、入院費・治療費の未払いだ。

日本病院会が関連病院にアンケート調査をしたところ、二〇一二年度の未払い金が明らかになった。五五九病院の合計は、六二億円。一病院当たり一〇〇〇万円以上の未納金がある計算になる。そして患者が未払いの理由としてあげた一番の理由が「生活困窮」であり、それは九六・五パーセントを占めることとなった。

このことは、日本の低所得者が三割負担とはいえ、支払う能力に乏しいことを示している。大きな病気や怪我をすれば、治療費が発生することはもちろんだが、時給制、月給制の非正規雇用労働者の場合はその期間、収入がゼロになってしまいかねない。入院などすれば、いきなり三〇万、四〇万円を請求されることもあり、もし貯金がなければ、病院から請求された額を支払うのは困難だろう。

ＮＰＯのスタッフによれば、こういうネットカフェ難民がいたそうだ。

---

《治療費を払ったところ……》

Ｒは二十三歳で、レストランの時給制のアルバイトで生計を立てていた。出身は富山県で二十一歳のときに一人で上京してきたのだ。親とは仲が悪く、一切連絡を取ってこなかった。

ある夏、Ｒは飲み会の帰りに酔っ払って交通事故に遭い、足の骨を折って入院することになった。入院保険にも加入していなかったので退院時には数十万円を請求されたばかりか、自由に身動きすることができずアルバイトにもどることもできなかった。だが、入院費用に加えて、生活費を捻出しなければならない。

Ｒは友人にお金を借りて入院費だけは払ったところ、これによってアパート代が支払えなくなった。もともと一カ月分滞納していたこともあって、まもなく不動産屋から退去するように命じられる。

なんとか動けるまでになっていたので、Rは日給で給料をもらえるところで働きながら、インターネットカフェを転々とするようになった。しかし、そうした生活は思いのほかお金がかかり、収入は全部つかい果たして貯金ができない。そのため、半年経ってもインターネットカフェでの生活から脱却できなかった。

---

この例のように病院にお金を払って生活の崩壊を招くか、未払いをつづけて生活を守るかの選択をしなければならない人もいるのだ。

実際に病院で働いている人たちも、そういう現場に関わることもある。先ほどの看護師によれば、いたたまれないと感じるのは、低所得者の家族や友人が金銭的支援を渋るときだという。

「病院での支払いが滞ると、ご親族に代わりに支払いをお願いすることもあります。だけど、ご親族によってはブランド物のバッグをもちながら堂々と『支払う余裕がない』とつっぱねたり、患者さんの前で『なんで私が払わなければならないのよ』と愚痴《ぐち》を漏らしたりすることがあるんです。こういう現場に立ち会うのは、ほんとうに気が滅入りますね。国が医療費を三割負担にしてくれることはありがたいですが、三割の大きさは人によって環境によって違いますから」

同じ三割負担といっても、人によって、時と場合によって、その重さはまったく異なる。その違いをどうやって埋めていくのか。その答えを出すのは容易ではない。

## 絶対「死体乞食」で最期を迎える

いつか人間は必ず死を迎える。それはすべての人間が等しく受け入れなければならない運命だ。

だが、死後どのように遺体が処理されるのかは、人によって大きく違う。そしてそれは故人が遺したお金によることが大きい。

途上国の大部分の貧困者は、死ぬ前は働くことができず、コミュニティーの人々に支えられながら最期を迎えるものだ。お年寄りであれば子どもや孫に、若者であれば友人に囲まれて旅立っていく。そのため、貧困者が死後に十分なお金を遺すことはないといえるだろう。

だが、遺体の処理には最低限の費用はかかるものだ。火葬するための薪代、遺体を運ぶための搬送費、土に埋める際に必要な棺……それらはけっして安い値段ではない。たとえばネパールでは火葬の薪代は数千円から数万円かかり、薪の代わりに安価な廃タイヤを使用したとしても数千円は必要だ。あるいは、パキスタンで土葬をしようとしたら安価な棺でも数千円は支払わなければならない。

よくインドでは薪代のない貧しい人たちはガンジス川に焼かずに捨てるとか、遺体は警察が回収するまで路上に放置されるなどといわれることがある。たしかにそういうことも起こりうる。私自身、ガンジス川で焼かれずに浮かんでいる遺体を目にしたことは何度もある。

しかし、全体を見た場合、そのようなことは稀だ。なぜか。それは貧困には関係なく、人間は死者の尊厳というものを大切にするからだ。理由は二つ、「人間としての尊厳」「宗教としての尊厳」である。

まず人は親しい者が亡くなったとき、その遺体がネズミの死骸《しがい》のように路上に放置されて朽ち果てるのを是としない。その人を愛していればなおさらだろう。遺された身として、きちんと葬儀をして人間としての尊厳を守ったままあの世へ送り出してあげようと思う。

また、宗教的にも遺された者がしなければならないことはある。仏教やヒンドゥー教では死者は生まれ変わるとされ、イスラーム教では死者は最後の審判を地中で待たなければならないとされている。いずれにせよ、死は一つの段階であって終わりではない。だからこそ、人々はしっかりと死者を神の教えに則《のっと》って葬《ほうむ》ろうとするのだ。

こうしたことから、途上国でも多くの場合、貧困者は死者をきちんと葬ろうとする。ではどこからその費用を工面するのだろうか。私がバングラデシュで見た光景として次のようなものがあった。

《バングラデシュの寄付》

ダッカの路上でイスラーム教の女性が亡くなった。駅裏を拠点にして数人のグループで暮らしていた者だった。

通常イスラームでは死後二十四時間以内に土葬する決まりになっており、霊園への埋葬費は無料なのだが、棺代や運搬費用は遺族が負担しなければならない。だが、遺された者たちだけでは、それを支払うことができない。

そんなときに資金援助に来たのは、同じ路上生活をしていた者たちだった。彼らはなけなしのお金を少しずつ出し合ってくれた。そのなかには街で麻薬を売っている者たちも含まれていた。

埋葬に必要な額は、日本円にして二〇〇〇円程度。数時間でその金額が集まり、遺族は遺体を荷物運び用のリキシャに頼んで霊園まで運び、きちんと白装束を着せて埋葬をした。

なぜ貧しい人たちが寄付をするのか。そんな質問をしたところ、次のような回答があった。

「路上の人は自分がいつ死ぬとも限らないとわかっている。だから生きているうちから少しずつほかの人の力になって、いざ自分が死んだときに援助してもらえるようにしておくんだよ」

---

本書ではこれまで、生きるためのコミュニティーの力についてさまざまな角度から検討してきた。だが、この例を見てみると、コミュニティーは生きることだけでなく、死後の人間の尊厳を守る役割をも果たしているといえるだろう。

コミュニティーとはなにも、生活のためだけに機能しているのではない。広い意味で人々の人間性を成り立たせるためにあるものなのだ。コミュニティーが人間の最期をしっかりと支えているのは、そのことを明確に示している。

とはいえ、貧困においてこうしたことが悪用されることもないわけではない。インドのムンバイに滞在していた折、路上生活者たちが仲間の遺体を台車に乗せて街を引きずり回し、道行く人に「葬儀代がありません。寄付してください」といってお金をせびっている光景に出くわしたことがあった。通行人はさすがにいたたまれなくなってお金を手渡していたが、路上生活者たちは葬儀代が貯まってもやめず、遺体が腐って悪臭を放つまで稼げるだけ稼いでいた。

同じような光景は、バングラデシュのダッカでも目にした。私は路上生活者が金儲けのためにやっているとしか思えず、これを著書のなかで「死体乞食」として記したことがある。心情的には許せなかった。だが、取材をつづけていくなかで、一人の関係者から次のようなことをいわれた。

「闘病の最中に薬代などで借金をすることがあるだろ。そのときは死んだあとにこうやってお金を集めて返済に充てることがあるんだ」

それを聞いたとき、貧困者たちのどうしようもない思いを垣間見たような気がした。遺体を台車に乗せて引きずり回している人たちだって、やりたくてやっているわけではないだろう。ただ、故人に、あるいは自分たちにお金がないばかりにせざるをえなかったのだ。

私は死体乞食のことを思い出すたびに、貧困がいかに人間の尊厳を蝕み、人間がいかにそれに抗《あらが》おうとしているかを考えずにはいられない。

## 相対　豊かな国でどう死ぬか

日本の低所得者が直面している一番の問題は、孤独死だろう。数年前からさかんに取り上げられるようになってきたが、それは孤独死が極端に増加している現状が背景にある。孤独死の正確な統計は取れていないが、一般的に年間三万人に及んでいるといわれている。

そのうち統計が出ている東京の例を考えてみたい。東京の孤独死は十年間で約一・五倍に増えており、年間四〇〇〇人以上に上っている。これまで孤独死というと、どちらかといえば高齢者のことが問題とされる傾向にあったが、図表28を見てみると人数としてはむしろ六十～六十四歳という高齢者の一歩手前の世代がもっとも多く、五十代から急激に増えていることがわかるだろう。

孤独死は、所得格差と大きく関係している。それを表すのが図表29だ。東京二三区の孤独死率と失業率との関係を示したものだが、完全失業率が高い区ほど孤独死発生率が高くなっていることがわかる。

## 図表28　東京都区部における孤独死数

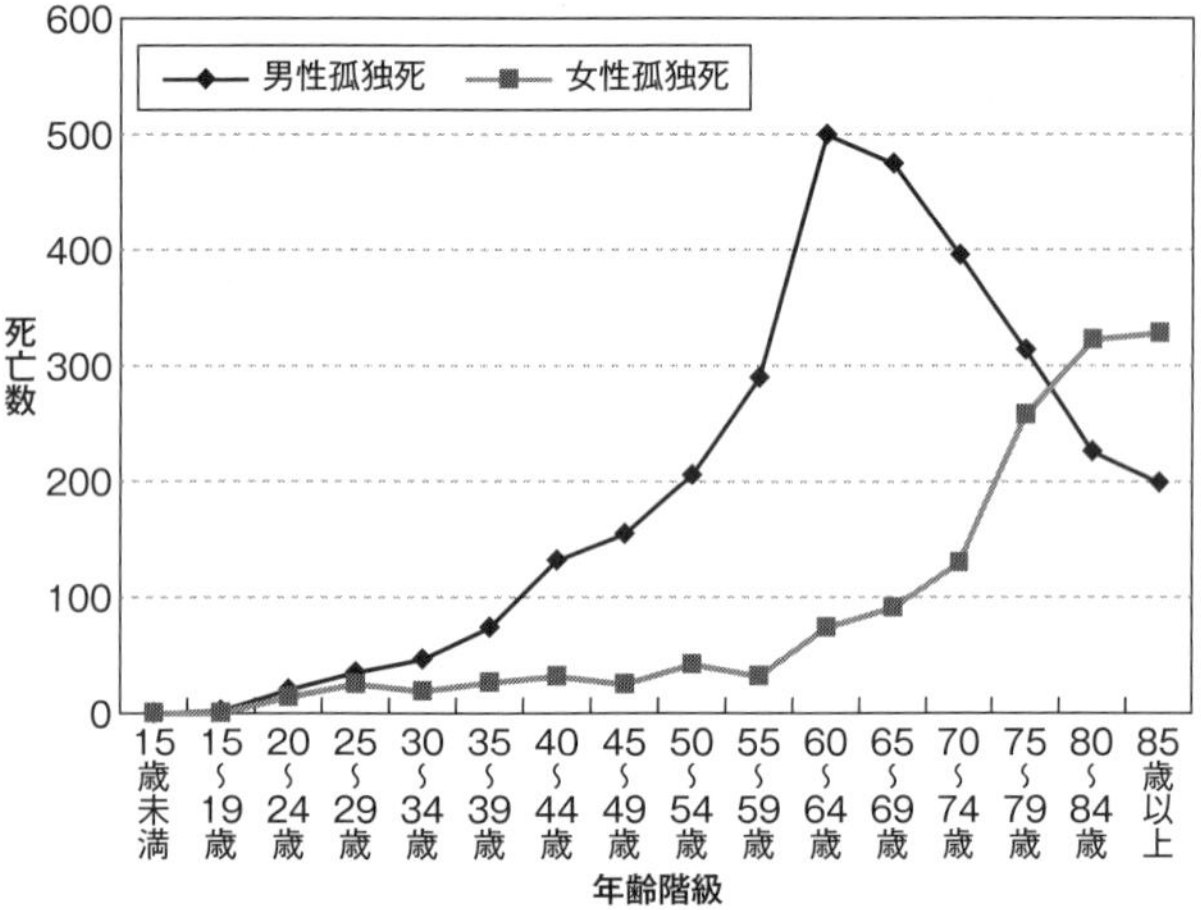


出所：東京都監察医務院「東京都23区における孤独死統計（平成24年）」

## 図表29　東京都区部における孤独死率と完全失業率

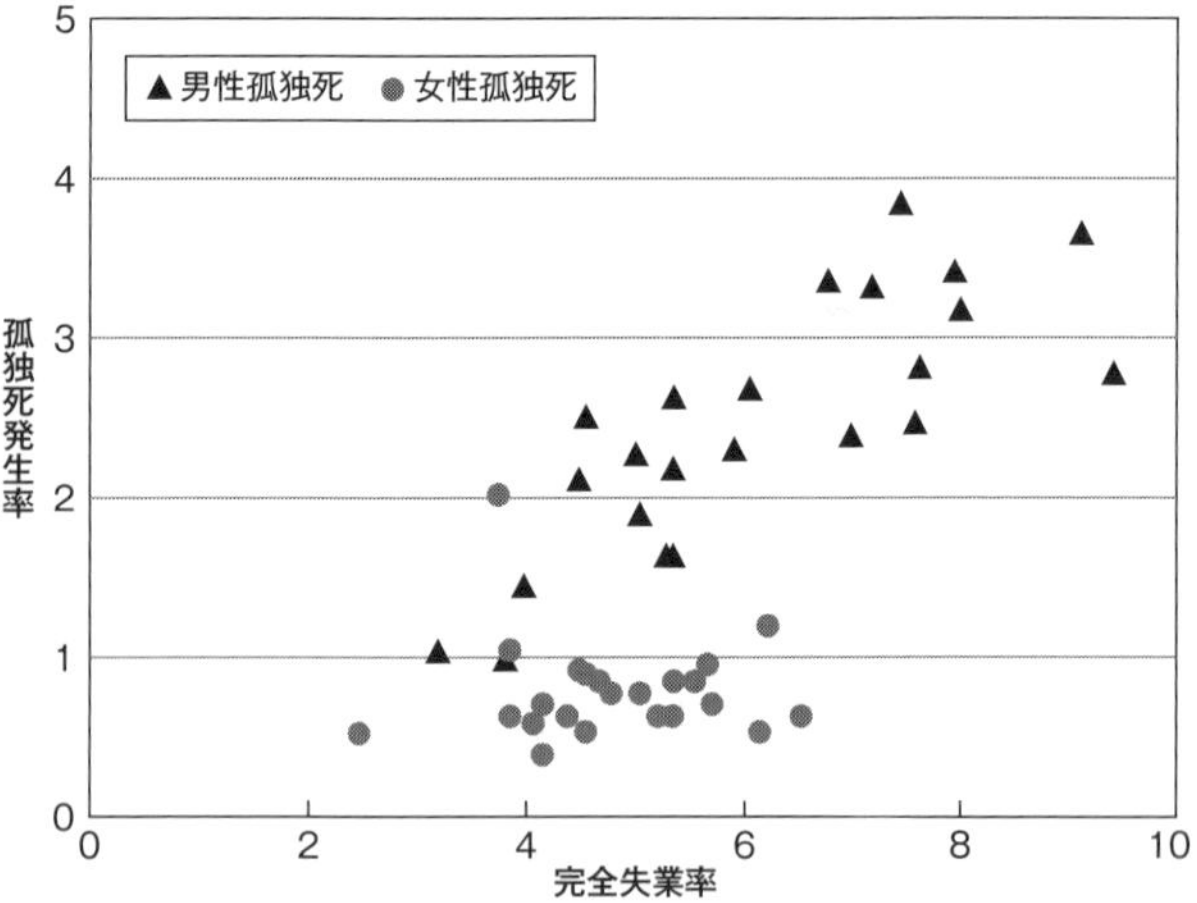


出所：東京都監察医務院「東京都23区における孤独死の実態」（2005年）

低所得者に孤独死が多い理由は明白だ。会社で働いていれば、同僚たちがすぐに心配して連絡をするし、本人も体の具合が悪いということを周囲に漏らすことができる。また家族が周りにいる率も高い。

ところが低所得者、とくに失業して生活保護を受給している者は、社会や家族との関係が断たれていることが少なくない。だから、アパートの片隅で人知れず体調を崩し、死亡したあと何日も気づかれないということが起きてしまうのだ。

葬儀会社の職員によれば、最近は低所得の若年層も孤独死の予備軍になりつつあるという。次のような出来事があったそうだ。

《若者の孤独死》

Mは、三十代半ばの男性だ。彼は高校を中退してから、一人暮らしをしてきた。最初は一つの会社に勤めるかたちで肉体労働をしていたのだが、三十代になってまもなく膝の怪我をして以来、関西から東京に出てきて日々違った場所で日雇い労働をするようになった。

関西から東京に来たため、Mには仲良くしている人がいなかった。また仕事場所もすぐに変わるため、顔と名前が一致する者はできても、プライベートでいっしょに遊ぶような深い関係になることはなかった。

Mは独り身の寂しさを紛らわすためか、かなり酒を飲んでいたようだった。おそらくそれが祟《たた》って脳梗塞や心筋梗塞を起こしたのだろう、トイレで倒れたきり、だれに気づかれることもなく死亡してしまった。その後、職場からは何度か連絡が入ったものの、日雇い労働者が急にいなくなり音沙汰がないことは珍しくないため、それ以上詮索《せんさく》されることもなかった。

死亡が発覚したのは、遺体の腐臭だった。鍵が閉まっている部屋から臭いがするということで、保証人に連絡が入ったのである。それで保証人が確認のために入ってみると、すでに腐敗した遺体がトイレにあったということだった。

この例からわかるように、低所得者は働いていても社会から孤立しているケースが少なくない。とくに非正規雇用で、大勢の人が入れ代わり立ち代わり働いているような職場だったり、一日単位の契約であったりする場合は、企業の側も連絡が取れなくなっても必要以上に調べようとしない。そのために、低所得の若者の孤独死が出てきてしまうのだ。

ちなみに、先の図表28を見ると、若者の孤独死では男性が多数を占めているのに対して、女性の孤独死は年齢を追うごとに高くなっているのがわかるだろう。これは若い女性は子どもといっしょに暮らしていたり、失業していても家族や友人とつながりをもちつづけていたりするためだと考えられる。女性の場合は年を取るごとに、子どもが離れていったり、夫と死別したりすることで孤独死の割合が高まることになるのである。

## たらい回しにされる遺骨

もう一つ、孤独死で目を向けなければならないのが、ホームレスだ。段ボールハウスなどで暮らしているホームレスなども孤独死が多い。繁華街ではＮＰＯの夜回りなどが定期的に行われており、体の不調などを確かめる手立てが打たれているが、ホームレスのなかには彼らと関わるのを嫌がり、身を隠すように繁華街を離れて暮らす者もいる。そういう人たちが人知れずひっそりと亡くなってしまうのだ。

ならば、日本ではホームレスが死亡した場合、どのように埋葬されるのだろうか。ホームレスが路上で亡くなっていることが発見されれば、警察によって運ばれて死体検案が行われる。そこで事件性の有無を判断し、とくに問題ないとされれば、警察は自治体に連絡をして遺体の処理を依頼する。たとえば、新宿区で遺体が見つかった場合は、新宿区がその任に当たることになっているのだ。

自治体の職員は警察から連絡を受けた時点で、遺体を引き取ってもらう親族を探して連絡をするが、ホームレスの場合は親族が縁を切っていることも多く、引き取りを拒絶されることがある。親族としても何十年も音信不通だったのに、いきなり自治体から連絡がきて「死んだから」といって高い葬儀代の支払いを要求されたところで、拒絶したくなるのもやむをえない。

このような場合、自治体は関係している葬儀社に連絡をして、親族の代わりに埋葬をしてもらうよう依頼する。難しいのは、自治体がこうした依頼をする際の予算が決まっていることだ。これは地域によって金額が決まっており、「一、二級地（東京二三区など大きな町）＝大人二〇万一〇〇〇円、小人＝一六万八〇〇〇円」、「三級地（地方の小さな町や村）＝大人一七万五九〇〇円、小人一四万七〇〇〇円」となっていて、この金額のなかで葬儀から埋葬までを行わなければならない。

むろん、この金額で済ませるのは難しい。都内の葬儀関係者は次のように語る。

「国から出るお金でできるのは、せいぜい直送と呼ばれる簡単な葬儀を行って火葬するところまでです。直送というのは、お寺に依頼せず、ＤＶＤのお経を流してスタッフが手を合わせるだけの葬儀ですね。火葬の費用は決まっているため安くすることはできないので、ここまでで国から支払われるお金はたいてい尽きてしまいます」

問題は、焼いた骨を埋める埋葬にかかる資金なのだという。

「親族が骨だけは引き取ってくれるというのであればいいのですが、引き取りさえ拒否されると、こちらで埋葬場所を探さなければなりません。これが難しいのです。一般的には共同墓地に入れてもらうことになるのですが、共同墓地といっても一〇万円以上かかるところが大半です。そのため、骨を埋葬する場所がないという状況に陥ってしまうのです」

付け足しておくと、自治体が霊園を所有していれば、そこに納めるぶんには費用はかからない。だが、そうでない場合は民間に引き取ってもらうしかないのだが、そのためにかかる費用が割り当てられた予算では足りないということになるのだ。

予算がないのに、遺骨をだれかが埋葬しなければならない。その場合、次の三つの選択肢しかない。

- お寺が無償で引き取る。

・葬儀社が無償で預かる。
・自治体が保管する。

いずれも難しい選択である。お寺が引き取るのならば、無償ということだ。だがそれをすれば、有償で引き取ってもらった人たちからクレームがつくことは避けられない。お寺としては受け入れがたいことだろう。

葬儀社にとっても苦渋の決断だ。自治体の仕事の受注を増やしたければ、良い顔をして保管したほうがいい。自治体に対して「貸し」ができて、さらに注文件数を増やしてもらえるかもしれない。

だが、新たに部屋を借りて置き場所をつくれば赤字になってしまうため、事務所の片隅やロッカーに置いておくことしかできない。一度引き取ったら捨てるわけにもいかず、場所だけがどんどん埋まってしまうことになりかねない。

自治体も同様だ。遺骨の保管場所などないので、置くとしたらすでにあるところを探すしかない。市役所内の物置場だとか、廃校になった学校の教室といった場所である。関東のとある市ではあまりに遺骨が増えてしまったので、敷地内にプレハブを建ててそこに入れているところもある。

先の葬儀社の社員は次のように語る。

「悲しいのは、遺骨の押し付け合いになってしまうことですね。だれも引き取りたくないから、そういうことが起きてしまうのです。こういう状況に直面すると、亡くなった人が気の毒に思えてなりません」

まさに現場の人ならではの感情の吐露だろう。

低所得者とて人間である。生前何かしらの理由で社会でうまくお金をつくり出せなかったとはいえ、死んだあとも遺骨をたらい回しにされ、挙句の果てに物置場や廃校に埃《ほこり》をかぶって置かれるなどということはあってはならない。死者の冒瀆《ぼうとく》も甚だしい。

だが、残念ながら、いまの日本ではそれが起こってしまっている。そのことは、日本の貧困の先にある、まぎれもない現実なのだ。

なぜ豊かなはずの日本で、そうしたことが起きてしまっているのか。私たちは途上国とくらべて何をもっていて何がないからこういう現実に直面しているのかということを、一人ひとりが考えるべき時期にきていると思う。

# おわりに

海外の絶対貧困における貧困者の現実と、日本における低所得者の現実を比較することで、ここまで「貧しさとは何か」ということについて考えてきた。

私は二つをくらべて、どっちが良い悪いというつもりは一切ない。それぞれに貧困があり、そのかたちは異なる。しかし、どう異なっているのかということは、くらべてみなければ浮き彫りにならない。そういう意図で、大きく絶対貧困と相対貧困に分けてここまで考えてきたのだ。

読者は本書を読んで何を思っただろうか。おそらく一人ひとりのなかで貧困に対する考え方、見方が少し立体的になってきたのではないかと思う。

日本の貧困の悲劇は、良くも悪くも人間どうしのつながりが切れ、制度に依存しているところから発生している。国全体が貧困から脱することができたはずなのに、皮肉にもそれがさらなる格差を生み、切り捨てられてしまった人間どうしのつながりが低所得者に苦痛を及ぼしているのだ。学歴格差、家庭内暴力、孤独死、希望のない仕事、独身者の増加、経済的理由による中絶……こうしたことは、まさにそのことを示しているといえるだろう。

私はそのことを思うとき、いつもある言葉を思い出す。それはいまから三十年前にマザー・テレサが日本を訪れた際に、バブルに向かって盲進している日本人につきつけた言葉だ。

飢えとは食物がない、ということではありません。

愛に飢えるのも、飢えです。

老人や身体障害者や精神障害者やたくさんの人が誰からも愛されないでいます。この人たちは、愛に飢えています。このような飢えはあなたの家庭にもあるかもしれません。

家庭に老人がいるかもしれません。病人がいるかもしれません。

この人たちにほほえみかけたり、一杯の水をあげたりいっしょに座ってしばらく話をしたりすることで、あなたは神への愛を示すことができるのです。

日本のような豊かな国にも、このような飢えを感じている人がたくさんいます。

人間の愛とはどんなものか忘れてしまった人たちがたくさんいます。
誰も愛してくれる人がいないからです。
ですから、さっそく実行しましょう。愛の喜びを周囲の人々にあげるように。
まず家庭で、それから隣近所の人々へ。

（中井俊已『マザー・テレサ 愛の花束』PHP文庫）

マザー・テレサは、何を見てこの言葉を発したのだろう。ただ一ついえるのは、この言葉は三十年経ったいまでも日本の貧困の真髄を突いているということだ。

日本の貧困がもたらす問題を一つでも多く減らすのは重要なことだ。政府はそのためにさまざまな政策を今後つくっていくだろうし、NPOも活動の幅を広げていくにちがいない。

だが、それだけですべての問題が解決することにはならない。ここまで読んできた読者ならわかるように、孤立した低所得者一人ひとりと向き合わなければできないことは、数えきれないほどあるのだ。

私はできるだけ大勢の人々がそのことを直視し、問題意識をもったうえで取り組んでいかなければ、豊かであるはずの日本が陥っている複雑かつ深刻な悲劇をなくすことはできないと思っている。
本書が一人でも多くの人に、そのことに気づきを与えるものになることを願っている。

石井光太

二〇一四年四月

本書は『Voice』（2013年５月号～12月号）に連載した
「絶対貧困と相対貧困」を大幅に加筆修正したものです。

〔本文写真〕筆者撮影。ただし219ページは除く。

PHP新書

PHP INTERFACE
http://www.php.co.jp/

石井光太［いしい・こうた］

1977年東京都生まれ。作家。日本大学藝術学部文芸学科卒業。世界の物乞いや障害者を追った『物乞う仏陀』（文藝春秋）でデビュー。極貧のスラムに生きるストリートチルドレンや麻薬中毒者など、国内外の文化、歴史、医療をテーマに、現地に密着した取材、執筆活動を行っている。

おもな著書に、イスラームの売春や性をテーマにした『神の棄てた裸体』、世界最底辺の暮らしについて講義した『絶対貧困』、マフィアに体を傷つけられて物乞いをさせられる子どもたちを描いた『レンタルチャイルド』、東日本大震災における釜石市の遺体安置所のルポ『遺体』、ハンセン病患者をテーマにした長編小説『蛍の森』（以上、新潮社）など多数。

# 世界「比較貧困学」入門

日本はほんとうに恵まれているのか

PHP新書923

二〇一四年五月二日　第一版第一刷

著者——石井光太
発行者——小林成彦
発行所——株式会社PHP研究所
東京本部——〒102-8331　千代田区一番町21
新書出版部　☎03-3239-6298（編集）
普及一部　☎03-3239-6233（販売）
京都本部——〒601-8411　京都市南区西九条北ノ内町11
組版——有限会社メディアネット
装幀者——芦澤泰偉＋児崎雅淑
印刷所
製本所——図書印刷株式会社



ISBN978-4-569-81620-3

# PHP新書刊行にあたって

「繁栄を通じて平和と幸福を」(PEACE and HAPPINESS through PROSPERITY)の願いのもと、PHP研究所が創設されて今年で五十周年を迎えます。その歩みは、日本人が先の戦争を乗り越え、並々ならぬ努力を続けて、今日の繁栄を築き上げてきた軌跡に重なります。

しかし、平和で豊かな生活を手にした現在、多くの日本人は、自分が何のために生きているのか、どのように生きていきたいのかを、見失いつつあるように思われます。そして、その間にも、日本国内や世界のみならず地球規模での大きな変化が日々生起し、解決すべき問題となって私たちのもとに押し寄せてきます。

このような時代に人生の確かな価値を見出し、生きる喜びに満ちあふれた社会を実現するために、いま何が求められているのでしょうか。それは、先達が培ってきた知恵を紡ぎ直すこと、その上で自分たち一人一人がおかれた現実と進むべき未来について丹念に考えていくこと以外にはありません。

その営みは、単なる知識に終わらない深い思索へ、そしてよく生きるための哲学への旅でもあります。弊所が創設五十周年を迎えましたのを機に、PHP新書を創刊し、この新たな旅を読者と共に歩んでいきたいと思っています。多くの読者の共感と支援を心よりお願いいたします。

一九九六年十月

PHP研究所

## PHP新書

**[社会・教育]**

117 社会的ジレンマ 山岸俊男
134 社会起業家「よい社会」をつくる人たち 町田洋次
141 無責任の構造 岡本浩一
175 環境問題とは何か 富山和子
335 NPOという生き方 島田 恒
380 貧乏クジ世代 香山リカ
389 効果10倍の〈教える〉技術 吉田新一郎
396 われら戦後世代の「坂の上の雲」 寺島実郎
418 女性の品格 坂東眞理子
495 親の品格 坂東眞理子
504 生活保護vsワーキングプア 大山典宏
515 バカ親、バカ教師にもほどがある 藤原和博／[聞き手]川端裕人
522 プロ法律家のクレーマー対応術 横山雅文
537 ネットいじめ 荻上チキ
546 本質を見抜く力――環境・食料・エネルギー 養老孟司／竹村公太郎
558 若者が3年で辞めない会社の法則 本田有明
561 日本人はなぜ環境問題にだまされるのか 武田邦彦
569 高齢者医療難民 吉岡 充／村上正泰
570 地球の目線 竹村真一
577 読まない力 養老孟司
586 理系バカと文系バカ 竹内 薫[著]／嵯峨野功一[構成]
602 「勉強しろ」と言わずに子供を勉強させる法 小林公夫
618 世界一幸福な国デンマークの暮らし方 千葉忠夫
621 コミュニケーション力を引き出す 平田オリザ／蓮行
629 テレビは見てはいけない 苫米地英人
632 あの演説はなぜ人を動かしたのか 川上徹也
633 医療崩壊の真犯人 村上正泰
641 マグネシウム文明論 矢部 孝／山路達也
648 7割は課長にさえなれません 城 繁幸
651 平気で冤罪をつくる人たち 井上 薫
675 中学受験に合格する子の親がしていること 小林公夫
678 世代間格差ってなんだ 城 繁幸／小黒一正／高橋亮平
681 スウェーデンはなぜ強いのか 北岡孝義
692 女性の幸福[仕事編] 坂東眞理子
694 就活のしきたり 石渡嶺司
706 日本はスウェーデンになるべきか 高岡 望
720 格差と貧困のないデンマーク 千葉忠夫

739 20代からはじめる社会貢献　小暮真久
741 本物の医師になれる人、なれない人　小林公夫
751 日本人として読んでおきたい保守の名著　潮 匡人
753 日本人の心はなぜ強かったのか　齋藤 孝
764 地産地消のエネルギー革命　黒岩祐治
766 やすらかな死を迎えるためにしておくべきこと　大野竜三
769 学者になるか、起業家になるか　城戸淳二／坂本桂一
780 幸せな小国オランダの智慧　紺野 登
783 原発「危険神話」の崩壊　池田信夫
786 新聞・テレビはなぜ平気で「ウソ」をつくのか　上杉 隆
789 「勉強しろ」と言わずに子供を勉強させる言葉　小林公夫
792 「日本」を捨てよ　苫米地英人
798 日本人の美徳を育てた「修身」の教科書　金谷俊一郎
816 なぜ風が吹くと電車は止まるのか　梅原 淳
817 迷い婚と悟り婚　島田雅彦
819 日本のリアル　養老孟司
823 となりの闇社会　一橋文哉
828 ハッカーの手口　岡嶋裕史
829 頼れない国でどう生きようか　加藤嘉一／古市憲寿
830 感情労働シンドローム　岸本裕紀子
831 原発難民　烏賀陽弘道
832 スポーツの世界は学歴社会　橘木俊詔／齋藤隆志
839 50歳からの孤独と結婚　金澤 匠
840 日本の怖い数字　佐藤 拓
847 子どもの問題　いかに解決するか
岡田尊司／魚住絹代
854 女子校力　杉浦由美子
857 大津中2いじめ自殺　共同通信大阪社会部
858 中学受験に失敗しない　高濱正伸
866 40歳以上はもういらない　田原総一朗
869 若者の取扱説明書　齋藤 孝
870 しなやかな仕事術　林 文子
872 この国はなぜ被害者を守らないのか　川田龍平
875 コンクリート崩壊　溝渕利明
879 原発の正しい「やめさせ方」　石川和男
883 子供のための苦手科目克服法　小林公夫
888 日本人はいつ日本が好きになったのか　竹田恒泰
892 知の最先端
フランシス・フクヤマ［著］ 大野和基［インタビュー・編］
896 著作権法がソーシャルメディアを殺す　城所岩生
897 生活保護vs子どもの貧困　大山典宏
909 じつは「おもてなし」がなっていない日本のホテル　桐山秀樹
915 覚えるだけの勉強をやめれば劇的に頭がよくなる　小川仁志
919 ウェブとはすなわち現実世界の未来図である　小林弘人